관계가
전부다

마음을 살리고 사람을 회복시키는

관계가 전부다

초판 1쇄 인쇄 2022년 12월 16일
초판 1쇄 발행 2022년 12월 23일

지은이 박현숙

발행인 백유미 조영석
발행처 (주)라온아시아
주소 서울특별시 서초구 효령로 34길 4, 프린스효령빌딩 5F

등록 2016년 7월 5일 제 2016-000141호
전화 070-7600-8230   **팩스** 070-4754-2473

값 17,000원
ISBN 979-11-6958-016-8 (03190)

라온북은 독자 여러분의 소중한 원고를 기다리고 있습니다. (raonbook@raonasia.co.kr)

Best

Relationship

마음을 살리고
사람을 회복시키는

관계가
전부다

박현숙 지음

RAON
BOOK

    사무실 내 책상에는 작은 클루시아(clusia) 화분이 있다. 가족문제로 상담을 받은 여성이 종결하는 날 선물로 준 잊을 수 없는 화분이다. 상담을 통해 자신과 가족들의 삶이 변화되었다며 감사의 눈물까지 흘리며 주었던 선물이기에 정성을 들여 애지중지 키웠다. 매일 아침 출근하면 "밤새 잘 지냈니?" 인사도 하고 1~2주마다 물도 열심히 주었다.

    그런데 어느 날부터 한 줄기가 웃자라기 시작했다. 힘이 없고 약해 지지대도 해주었지만 소용없었다. '내가 뭘 잘못한 걸까?' 하고 '클루시아 잘 키우는 법'을 검색해 보았다. 그리고 클루시아를 잘 키우는 데 있어서 중요한 세 가지를 알게 되었다.

    첫 번째, 햇볕을 받아야 웃자라지 않고 튼튼하게 잘 자란다.
    두 번째, 화분의 흙이 다 말랐을 때 물을 충분히 주어야 한다. 흙을 건조하게 관리하는 것이 중요하다. 흙이 항상 축축하면 뿌리가 썩기 때문에 화분의 흙이 마름과 젖음이 반복되어야 잘 자란다.

　세 번째, 가지치기를 해주어야 한다.

　나는 이 세 가지를 하나도 지키지 않고 그저 날짜에만 맞게 꼬박꼬박 물만 열심히 주었다. 내 책상은 햇볕이 들지 않으니 웃자랄 수밖에. 나는 "클루시아야, 미안하다"라고 사과했다. 정확한 방법을 알고 난 후 가지치기를 먼저 하고 햇볕이 드는 다른 방 창가에 두었다. 그리고 흙을 만져보고 말랐을 때 물을 충분히 주니 다시 단단해지고 있다. 이처럼 클루시아가 잘 클 수 있는 환경을 정확하게 아는 것이 중요하다.

　식물이라고 해서 무조건 물을 많이 주어서는 안 된다. 물을 좋아하는 식물과 싫어하는 식물이 있으니 그러한 특성에 맞게 물을 주어야 한다. 햇볕을 좋아하는 식물과 좋아하지 않는 식물인지도 구분해야 한다. 그리고 가지가 웃자라면 적절한 시기에 가지치기도 해준다.

　사람들 사이의 관계도 이와 같다. 상대방에게 무엇이 필요한지 정확하게 알지 못하고 나 혼자 열심히 한다고 해서 관계가 좋아지는 것은 아니다. 내가 알고 있는 것이 꼭 옳은 것도 아니다. 상대방이 필요로 하는 것이 무엇인지 정확하게 아는 것이 더 중요하다. 목마른 사람에게 물을 주어야 하듯이 말이다.

　나는 어려서부터 착하게 살면 되는 줄 알았다. 아니 착하게 살아야 한다고 생각했다. 열심히 살고, 성실하게 살면 뭔가 될 줄 알았다. 하지만 현실은 그렇지 않았다. 착하게 사는 것은 나보다 타인을 먼저 챙기는 것이라고 생각했다. 타인에게 맞춰주면 된다고 말이다. 그래서 열심히 다른 사람들을 돌보는 일에 힘을 다했다. 하지만 거기에 나는 없었다. 나는 열심히 섬겼는데 상처로 돌아올 뿐이었다.

왜 그럴까? 무엇을 잘못하고 있는 것일까? 늘 답을 찾았다. 어쩌면 그래서 늦은 나이에 다시 공부하게 되었는지 모른다. 상담 공부를 하던 초기, 자격증 과정에서 '자기분석'을 진행하는 교수님께 "저는 살면서 다른 사람들에게 한 번도 '아니요'라고 말해본 적이 없어요"라고 말했다. 그러자 그 교수님은 "한번 안아주고 싶다"라고 하시면서 말없이 나를 꼭 안아주셨다. 교수님의 눈에서도 나의 눈에서도, 한참 동안 눈물이 흘렀다. 그 눈물은 새로운 삶을 시작하는 계기가 되었다. 교수님은 나에게 꼭 맞는 말씀을 해주셨다.

첫째, '아니요'라고 말해도 괜찮다.
둘째, 다른 사람을 돌보기 전에 나의 필요를 먼저 채워주라.

교수님의 말씀은 처음에는 실천하기 어렵고 용기가 필요한 큰 도전이었다. 그래도 용기를 내서 실천해 보니 삶이 변하기 시작했다. 나보다는 다른 사람을 먼저 챙기고 돌보다 상처받고 이용당하고 아픔을 겪으며 너덜너덜할 정도로 지친 내 마음이 보였다. 참고 또 참느라 화병을 앓기도 했다. 한의원에 가니 선생님이 진맥하고 나서 "왜 이렇게 참고 사세요? 표현을 하세요. 할 말은 하고 사세요"라고 말했다.

'아, 이렇게 살면 안 되는 거였구나.' 그래서 나는 표현하기로 마음을 먹고 이를 위해 열심히 공부하고 훈련했다. 그래서 예전의 나와는 정반대의 삶을 살 수 있게 됐다. 사람은 변할 수 있고 무한한 가능성이 있다는 것을 스스로 경험했다. 어느 날 법원 지원장이 주최하는 회의에서 지원장님께 당당하고 명확하게 의사를 밝히는 나의 모습에 스스로도 놀란 기억이 있다.

삶에서 누구를 만나느냐가 매우 중요하다. 교수님의 말씀을 계기로 내 삶이 변화되는 과정을 경험하면서 나 역시 다른 사람들에게 그런 역할을 하기로 마음먹었다. 어쩌면 그것은 나에게 사명감처럼 다가왔다. 나를 통해 사람의 상처가 씻기고 삶이 변하고 마음이 단단해져서 얽힌 관계가 회복된다면 그것이 바로 내가 사는 이유이고 내 삶의 가치라는 확신이 들었다. 그러던 어느 날 감동적인 문자 한 통을 받았다.

"오랜 기간 만남으로 상처와 해를 입을 수도 있고 단 한 번의 만남으로도 강력한 인상을 줄 수 있다는 것을 선생님을 만나 처음 알게 되었습니다. 선생님은 제 인생에 아주 강력한 영향을 주었습니다. 선생님을 만난 후 제 삶이 변했습니다. 그리고 가정이 회복되었습니다."

기관에서 하는 단 한 번의 짧은 강의를 들었던 공무원 한 분이 강의를 마치고 강의 내용이 감동적이라면서 꼭 한 번 만나보고 싶다는 요청을 했다. 그러고는 자신과 배우자와의 갈등을 풀어놓았다. 한 번의 상담을 받고 돌아간 후 몇 개월이 지나서 그분은 짧은 고백의 문자를 보내왔다.

우리는 혼자 살 수 없는 존재다. 언제나 사회적 관계 속에서 살아야 한다. 삶의 기쁨과 즐거움도 관계에서 오고 갈등과 상처도 관계에서 시작된다. 삶의 가치와 성향, 언어와 행동, 태도가 서로 다르기 때문에 늘 갈등은 따라오기 마련이다. 좋은 관계를 오래 유지하며 살기는 쉽지 않다. 그러나 노력하면 변화가 일어나고 관계가 회복된다. 앞서 소개한 여성의 고백처럼 누구를 만나느냐에 따라 한 사람의 삶이 달라질 수 있다. 사람에게 받은 상처가 사람으로 치유되기도 한다. 좋은 관계는 나로부터 시작된다.

이 책은 나를 비롯해 우리 주변에서 흔히 일어나는 이야기와 치유되어 가는 삶의 변화 과정을 그린 기록들이다. 내 삶이 변하고 나와 함께한 사람들이 변하고 성장하고 회복되어 가는 우리들의 이야기다. 그래서 어쩌면 읽어가면서 '나도 그런 적 있는데, 내 마음도 그랬는데, 내 이야기 같다'는 생각이 들 것이다. 그만큼 우리의 삶은 비슷비슷하다. 가장 가까운 사람들로 인해 기쁨과 행복을 느끼기도 하고 위로와 힘을 얻기도 한다. 그러나 역설적이지만 때로는 가장 가까운 사람들에게 상처받고 고통을 겪으며 가슴을 움켜쥐는 일도 적지 않다. 우리 삶의 이야기들은 모두 관계 속에서 이루어진다. 관계 속에서 기쁨과 아픔을 겪는다.

어떻게 하면 상처와 스트레스를 덜 받고 다른 사람들과 좋은 관계를 잘 유지할 수 있을지에 대해 더 많은 사람들에게 전해주고 싶었다. 그리고 상담하면서 일일이 다 말하지 못한 이야기, 더 말해주고 싶은 이야기를 쓰고 싶었다.

사람들과의 관계로 혼자 아파하고 고민하면서 방법을 찾고 회복하기를 원하는 분들이 이 책을 통해 공감과 위로를 받고 힘과 용기를 낼 수 있었으면 한다. 내가 변화된 것처럼 이 책을 읽는 여러 분들도 마음이 단단해지고 자신을 사랑할 수 있을 것이다. 남들에게 그저 착한 사람, 좋은 사람으로 보이기 위한 삶이 아니라 더 건강하고 당당한 자신과의 만남이 이루어지기를 기대한다.

이 책을 다 읽고 난 후 나도 할 수 있다는 자신감과 자신을 조금 더 존중하는 자존감이 상승되어 모든 관계의 매듭들이 풀어지기를 간절히 바란다. 무엇보다 자신과의 관계가 먼저 회복되는 기쁨을 경험했으면 한다. 그래서 이 책이 사랑하는 사람들과 건강한 관계를 맺음으로써 행복을 누리는 데에 좋은 도구가 되기를 바란다.

이 책을 쓰기까지 많은 분들의 도움이 있었다. 용기 낼 수 있도록 손 내밀어 주고 글을 끝까지 써 내려갈 수 있도록 힘을 북돋워 준 라온북 식구들에게 깊은 감사의 말을 전한다. 끝으로 이 책을 읽는 분들에게 자신 있게 말하고 싶다.

"여러분도 할 수 있습니다. 자, 지금부터 시작입니다!"

차 례

Chaper 1

관계를 살리는 태도, 관계를 망치는 태도

우리의 관계는 여기까지입니다

베스트 휴먼십을 불러오는 관계 맺기 노하우 7

관계를 살리는 태도,
관계를 망치는 태도

애착은 관계의
출발이자 끝이다

어린 시절의 기억은 삶 전체에 영향을 준다

나는 수영을 하지 못한다. 물에 대한 공포가 있기 때문이다. 몇 살인지 기억은 나지 않는다. 기억할 수 없을 정도로 어린 나이 였던 것 같다. 동네 앞에 있는 논밭 한가운데 우물같이 매우 깊고 아주 작은 수렁이 하나 있었다. 그런데 어느 날 한 아이가 그 물에 빠져 죽었다는 소식을 들었다. 아직 어린 나는 몹시 큰 충격을 받았다. 그때 순간적으로 '아, 물에 사람이 빠져 죽는구나' 하는 생각이 들었다.

그 후 내 머릿속에는 '물은 무섭다'는 생각이 각인된 것 같다. 그때부터 물 공포가 시작되지 않았나 싶다. 물만 보면 심장이 뛰고 무서운 생각이 먼저 든다. 그래서인지 지금도 조금만 깊은 물에 들어가면 온몸이 경직된다. 결국 수영을 다 배우지 못하고 발차기만 하다 중단했다.

성인이 된 후 잊혀지지 않는 또 하나의 기억이 있다. 셋째 딸아이가 어렸을 때 친구들과 함께 경기도 포천에 있는 한 계곡에 야영을 간 적이 있다. 계곡에서 튜브를 타고 물놀이를 하다가 갑자기 내 튜브가 바위에 부딪쳐서 뒤집히는 바람에 나는 물에 빠지고 말았다.

순간적으로 너무 놀라서 '아, 이대로 죽는구나' 싶어 나도 모르게 "사람 살려!"라고 소리쳤다. 죽을 것 같은 공포가 밀려왔다. 그 소리를 들은 딸아이 친구가 와서 나를 부축해 일으켜 주었다. 그런데 일어서서 보니 내 무릎 높이밖에 안 되는 매우 얕은 물이었다. 내 키보다 높은 물속인 줄 알았는데 말이다. 순간 너무 부끄럽고 당황스러웠다. 어린 시절에 처음 느꼈던 그 공포가 어른이 되어서도 여전히 나를 지배하고 있음을 깨달았다. '물'이라는 단어와 '죽음'이라는 단어를 나도 모르게 하나로 묶어서 연상하는 것 같다.

이렇듯 어린 시절의 기억은 우리 삶의 모든 시기에 걸쳐 큰 영향을 미친다. 많은 심리학자들이 부모가 가능하면 어린 아이에게 긍정적이고 좋은 기억을 많이 남겨야 한다고 강조하는 이유가 여기에 있다. 기억의 공간을 여백으로 가지고 태어난 아이들에게 좋은 경험과 기억으로 채우는 것과 불안하고 부정적인 경험으로 채우는 것은 명백한 차이가 있다.

엄마로부터 관계가 시작된다

아이의 기억과 경험에 가장 영향을 미치는 사람은 엄마일 수밖에 없다. 아이는 태내에서 약 280일간 엄마의 보호를 받으며 안전하게 지내다 세상에 태어난다. 어두웠던 곳에서 나와 처음으로 마주하는 얼굴이 엄마이며 처음 맺는 관계도 대개는 엄마다. 세상의 모든 아이는 엄마로부터 관계가 시작된다. 그래서 아이에게 엄마는 매우 중요한 대상일 수밖에 없다.

위급한 상황에서 소중한 생명을 구할 수 있는 최소한의 시간을 골든타임(golden time)이라고 한다. 영유아가 발달하는 단계에서도 골든타임이 있다. 아기들의 경우에는 생후 3개월이 골든타임이다. 이때는 아이의 생명을 돌봐야 하는 가장 중요한 시기다. 영유아가 발달하는 전 시기에 걸쳐 엄마의 안전한 보살핌은 중요하지만 특히 3개월이 가장 중요하다.

아이가 세상에 태어나서 처음 보는 세상은 불안하다. 그러므로 엄마는 이 세상에서 안전하게 살아갈 수 있다는 믿음을 아이에게 심어줄 필요가 있다. 이를 위해서는 아이를 안전하게 보호하고 따뜻한 사랑으로 보살펴야 한다. 그래서 생애 초기에 아이는 자신을 보살펴주는 엄마(주 양육자)와 친밀한 유대감을 형성하는데, 이를 애착(attachment)이라고 한다.

애착을 통해 아이는 신체적인 안전감과 정서적인 안정감을 갖는다. 아이는 엄마의 따뜻함과 일관된 돌봄을 받으며 이 세상은 믿을 만하다는 신뢰감을 갖게 된다. 애착은 아이의 정서 발달은 물론 사회성 발달과 전 생애의 삶에 영향을 끼친다.

애착은 삶의 디딤돌이다

그렇다면 원활한 양질의 애착 관계를 형성하려면 어떻게 해야 할까? 무엇보다 엄마는 일관성 있게 아기를 대함으로써 안정감을 주어야 한다. 아기가 욕구를 표현할 때 그에 잘 맞춰서 긍정적 반응을 해주면 아기는 엄마를 믿고 안정적인 상호작용을 할 수 있다. 이로써 아기는 '엄마는 나를 편안하게 해주고 안전하게 보호해주는 믿을 수 있는 사람이다, 나는 엄마에게 사랑받는 존재다'라고 믿는다. 안정된 애착 관계가 형성된 사람은 어떤 문제에 부딪혔을 때 스스로 해결할 수 있는 힘이 있고 다른 사람에게 도움을 줄 수 있다.

또한 친밀한 관계를 통해 애착이 형성된 사람은 다른 사람들에게도 정서적 유대감과 믿을 수 있는 신뢰감, 안전지대로 여길 수 있는 안정감을 갖게 한다. 이러한 아이는 사람들과 상호작용을 잘하므로 사회성도 좋다. 융통성이 있어서 유연한 관계를 맺고 독립적인 자아를 형성하므로 보다 더 성숙한 삶을 살아간다. 한마디로 안정되고 유연한 애착 관계는 한 사람에게 그 무엇보다 중요하고 삶에 꼭 필요한 디딤돌 같은 역할을 한다.

사람은 누구나 불안하다

'불안'은 모든 사람들이 세상에 태어나면서부터 갖고 있는 자연스러운 감정이다. 아기는 엄마의 배 속에서 엄마와 한 몸으로 지내다 출생해 탯줄을 자르는 순간 엄마로부터 분리되는 경험을 한다. 어쩌면 '불안'은 인간이 세상에 나오면서 맞이하는 숙명인 셈이다. 그러나 애착으로 믿음과 신뢰가 형성된 사람은 불안을 떨치고 세상 밖으로 성큼성큼 걸어 나온다.

반면 어린 시절 애착 형성이 제대로 되지 않으면 삶이 불안해지고, 스스로 문제를 해결할 수 있는 힘을 잃게 된다. 세상을 믿지 못하고 사람을 믿지 못하게 되기 때문에 자신은 물론 관계를 맺고 살아가는 타인들을 힘들게 한다. 흔히 말하는 애정 결핍 증상을 보이는 것이다.

애정 결핍을 가지며 자란 아이는 상대방을 신뢰하지 않고 의심하거나 늘 불안함을 보인다. 또한 안정 애착이 형성되지 않으면 유치원이나 학교에 갈 때 분리불안 증상을 보인다. 엄마와 함께 있지 않으면 불안을 호소하고 배가 아프거나 머리가 아프다는 등의 신체 증상을 보인다. 옛날 어른들은 이러한 증상을 꾀병이라고 했다. 그러나 꾀병이 아니라 실제 불안에서 오는 신체적 증상이 나타났다가 불안이 없어지면 통증은 자연히 사라진다.

불안정 애착은 영유아에게만 나타나는 것은 아니다. 상담실에서도 애착과 관련된 상황들이 종종 일어난다. 안정 애착이 형성되지 않은 내담자는 상담자를 신뢰하지 못해 마음을 쉽게 열지 않고 방어하기도 한다. 아동 청소년이든 성인이든 상담자를 불신하거나 자신의 상황을 상담자 탓으로 돌기도 한다. 때로는 상담자를 공격하는 일도 있다.

불안정 애착은 사랑과 결혼생활에도 지대한 영향을 미친다. 어쩌면 평생 따라다니며 삶 전체를 지배한다고 해도 과언이 아닐 것이다. 사랑하는 사람에게 의존하고 매달리고, 그것이 충족되지 않으면 집착하며 상대를 괴롭힌다. 더 심한 경우에는 범죄까지 연결되는 경우도 흔히 볼 수 있다.

다섯 가지 욕구 표현을 잘 받아주자

애착 이론을 발표한 영국의 정신분석가 존 볼비(John Bowlby)는 영아의 다섯 가지 반응을 잘 받아주어야 한다고 말했다. 영아의 다섯 가지 반응은 젖 빨기, 매달리기, 따라다니기, 울기, 미소 짓기다. 이것은 곧 아이의 욕구 표현로, 아이가 이러한 표현을 할 때 즉각적으로 반응해 주어야 엄마와 정서적으로 연결되고 서로 상호작용한다.

존 볼비는 아이들을 직접 관찰하면서 연구한 결과, 어린 시절 엄마와 아이의 안정적인 상호작용이 아이의 정서 발달에 매우 중요한 역할을 하며, 어린 시절의 경험이 성인기까지 큰 영향을 끼친다는 연구 결과를 발표했다.

새끼 원숭이도 부드러운 천으로 된 엄마를 원한다

미국의 심리학자 해리 할로(Harry F. Harlow)는 새끼 원숭이로 애착 실험을 했다. 새끼 원숭이가 태어나자마자 엄마와 분리한 후 우유만 제공하는 철사로 된 모형과 부드러운 천으로 된 모형을 각각 경험하게 했다.

실험 결과 새끼 원숭이는 처음에는 철사로 된 모형으로 가서 우유를 먹은 후 나머지 시간은 모두 부드러운 천으로 된 모형으로 가서 시간을 보냈다. 더구나 충격을 가해 위기 신호를 주었을 때 곧바로 부드러운 천으로 된 모형으로 가서 안겼다. 이 실험을 통해 우유만 제공하는 것보다 정서적으로 안전감을 갖도록 신체 접촉을 해주는 것이 무엇보다 중요하다는 것을 알 수 있다.

젖병만 물려준다고 애착이 잘 형성될까

영국의 소아과 의사이자 정신분석학자 도널드 위니컷(Donald W. Winnicott)은 불안감을 겪는 유아들에게 해주어야 할 엄마의 보호기능으로 세 가지를 이야기했다. 바로 '보듬어주기', '다루어주기', '제시하기'다.

'보듬어주기(holding)'는 신체적 보듬어주기, 정서적 보듬어주기를 포함하는데 이를 통해 아이는 신체적으로나 정서적으로 건강하게 성장한다. '다루어주기(handling)'는 신체와 정서를 연결하고 통합한다. 그리고 '제시하기(presenting)'는 엄마가 아이에게 반응해줌으로써 대상을 제시해 주고 아이가 독립적인 경험을 하도록 허용하는 것이다. 위니컷은 아이가 욕구를 표현할 때 엄마가 즉각적이고 적극적이며 긍정적인 반응을 해주는 것이 얼마나 중요한지를 강조했다.

젖이나 젖병만 물려준다고 애착이 잘 형성되는 것은 아니다. 정서적으로 보듬어주는 것 또한 매우 중요하다. 영유아기에는 신체적 보듬어주기가 더 필요하지만, 아이가 성장하면 정서적 보듬어주기가 더 필요하다. 그뿐만 아니라 어느 정도 성장하면 아이 스스로 행동할 수 있도록 독립을 허용하는 것도 중요하다.

애착은 엄마의 좋은 돌봄을 통해 형성된다

초기의 유아는 엄마의 돌봄을 통해 애착을 형성한다. 애착은 곧 근접성의 의미가 있다. 엄마는 아이에게 물리적으로나 정서적으로 늘 가까이 있어야 한다. 아이는 엄마가 가까이 있다는 것을 느끼면서 안전하다는 확신을 갖기 때문이다.

엄마가 비록 눈앞에 보이지 않는다 할지라도 엄마는 나를 보호해준다는 것과 엄마가 자신을 사랑한다는 것을 느끼게 해주어야 한다. 이때 신뢰감이 형성되면 아이는 앞으로 성장하는 과정에서도 믿을 만하다는 눈으로 세상을 바라본다. 또한 성인이 되어 사회생활을 하거나 결혼해 새로운 가정을 꾸려갈 때도 신뢰를 바탕으로 건강하고 긍정적인 관계를 맺는다. 그래서 애착은 관계의 시작이며 끝이다.

관계 맺기는 인간이 살아가는 데 가장 중요한 요소다. 가족 관계, 친구 관계, 연인 관계, 동료 관계 등 우리를 둘러싼 주변의 모든 사람들과 관계를 맺으면서 살아간다. 그래서 관계 맺기는 모든 삶의 기초공사가 된다. 엄마와의 애착이 전 생애를 통틀어 무엇보다 중요한 이유가 여기에 있다.

나 이외에는
모두가 타인이다

부부는 일심동체라는 새빨간 거짓말

'부부는 일심동체(一心同體)'라는 말이 있다. 한 몸 한마음이라는 뜻이다. 누가 그런 새빨간 거짓말을 했는지 모르겠다. 수많은 부부들이 이 잘못된 덫에 걸려 고생하고 있다. 상담실에 오는 부부 중 대다수가 사랑이라는 이름으로 서로를 구속하고 간섭하고 자신에게 맞추기를 강요해 갈등을 일으킨다. 같은 생각을 하고, 같은 곳을 바라보고, 자신이 원하는 대답을 하라고 요구한다.

그러나 그게 가능할까? '화성에서 온 남자'는 화성 언어로 말하고 '금성에서 온 여자'는 금성 언어로 말하는데 어떻게 서로 소통할 수 있겠는가? 상대방 언어를 알아듣지 못하고 각자 자신이 하고 싶은 말만 하는데 어찌 한마음이 될 수 있을까? 신혼 때는 얼굴을 마주 보고 눕지만, 중년에는 바닥에 등을 대고 나란히 눕고, 중

년 이후에는 등 돌려 눕고, 노년에는 제각각 다른 방에 눕는다고
한다. 그러니 어떻게 동체가 될까?

서로 생각과 가치관이 다르고 꿈이 다르고 성격과 자라온 환
경도 다르다. 그래서 부부는 철저히 '이심이체'다. 서로 다름을 인
정하고 서로를 존중해 주는 '이심이체'가 되어야 진짜 건강한 부부
가 될 수 있다. 완전히 이심이체가 될 때 성숙한 사랑을 할 수 있고
성숙한 부부가 될 수 있다.

가족은 '낯익은 타인'이다

나를 제외한 다른 모든 사람을 타인(他人)이라고 한다. 즉 부부
도 서로 타인임을 인식하고 인정해야 한다. 그래야 비로소 바람직
한 관계가 시작된다. 이는 부부만이 아니라 부모 자녀 간에도 마찬
가지다.

우리는 각 가정에서 가족공동체로 살아가고 있다. 가족 구성
원들도 각각 서로에게 타인이다. 대상관계 이론에서는 가족을 '중
요한 타인'이라고 한다. 혹자는 '낯익은 타인'이라고도 한다. 서로
를 알지 못하는 사이는 낯선 타인이지만 가족은 서로를 잘 알고 있
기 때문이다. 그만큼 가족은 서로에게 중요한 타인으로 살아가고
있음을 기억해야 한다.

모든 사람들은 태어나기 전에 엄마와 한 몸으로 지낸다. 이 기
간에는 아기가 먹고 싶은 것이 곧 엄마가 먹고 싶은 것이고, 아기

의 감정이 곧 엄마의 감정이 다. 또 엄마가 먹는 영양 성분이 아기에게 그대로 전해진다. 엄마가 느낀 것을 아기도 똑같이 느낀다. 엄마가 기쁘면 아기도 기쁘고 엄마가 슬프면 아기도 슬프다. 그야말로 일심동체이다. 그러나 출산을 통해 탯줄을 끊고 나면 하나에서 둘로 나뉜다.

도널드 위니컷은 위니컷은 생후 0~6개월을 절대적 의존기, 생후 6~24개월을 상대적 의존기로 분류했다. 그에 의하면 절대적 의존기인 생후 0~6개월에는 아기가 엄마와 한 몸으로 인식하고 생후 6개월 이후부터 엄마가 타인임을 처음으로 인식한다. 그래서 이때부터 낯선 타인에 대한 불안을 느끼고 낯가림을 시작한다. 엄마와 떨어지는 것에 대한 불안을 분리불안이라고 한다.

대상관계 이론의 대표적인 학자는 마거릿 말러(Margaret Mahler)는 생후 6~24개월의 상대적 의존기를 분리-개별화 시기라고 했다. 엄마와 한 몸으로 융합되어 있다가 분리되고 엄마를 타인으로 인식한다는 것이다.

'가족이니까'라는 말에서 생겨나는 무례함

타인으로 인식한다는 것은 서로에게 예의를 지키고 존중하는 마음으로 대하는 것이다. 우리는 이미 생후 6개월 이후부터 타인을 인식하며 살아가고 있다. 그러나 현실적으로는 가족이라는 이름에 묶여 타인으로 인식하지 못하고 살아가는 사례들이 많다.

가족 이외의 다른 사람들에게는 깍듯이 예의를 갖추고 존대하는 가장이 어찌 된 일인지 집에만 들어오면 폭군처럼 변하는 경우도 있다. 가족들을 무시하고 비난하고 언어폭력과 정서적 폭력, 심하게는 신체 폭력까지 일삼기도 한다. 가족들의 감정과 생각을 존중하지 않고 함부로 대한다. 엘리베이터에서 만난 앞집 아주머니에게는 웃으면서 공손하게 인사하던 남편이 현관문 열고 들어오자마자 아내에게 "집 안이 이게 뭐야?"라고 큰 소리로 화낸다. 이것은 가족을 타인으로 인식하지 못하고 '가족이니까'라며 한 덩어리로 보기 때문이다.

자녀에게도 마찬가지다. 자녀를 타인으로 인식한다면 어린 자녀의 생각과 감정을 존중해 주어야 한다. 아무리 어린 자녀일지라도 아이 나름대로 생각과 감정이 있다. 그러나 부모라는 이름으로 아이의 의견을 묻지도 않고 부모 마음대로 결정하고 지시하고 그대로 따르도록 강요하는 부모들이 많다. 학원을 마음대로 정해서 무조건 다녀야 한다고 아이를 윽박지르기도 한다. 가족이니까 하는 생각으로 저지르는 잘못된 행동이다.

내 아이도 타인이다

상담센터에서 치료받고 있는 7세 아동 부모로부터 치료를 중단하겠다는 전화를 받았다. 영어학원을 보내기 위해 더 중요한 치료를 중단하겠다고 하니 참으로 안타까웠다. 아직은 좀 더 치료가 필요한 아동이었기 때문이다. 아이하고 함께 결정했냐고 물어보니 부모님 두 분이 의논해서 결정했다고 답했다. 아이의 욕구와 감정, 생각과 상황을 존중하기보다 부모의 욕구와 기대에 맞춰 결정해 버린 것이다.

아이는 부모의 자녀이지만 소유물은 아니다. 그래서 부모가 마음대로 결정하고 무조건 따르도록 하는 행위는 자녀를 사랑하는 것이 아니다. 아이의 정서를 무시하고 마음대로 결정해 버리는 것은 정서적 폭력이다. 부모라는 권력과 권위를 휘두르는 행위다. 부모가 자녀를 사랑한다면 아이의 말과 행동, 감정 표현에 즉각적으로 반응해 주고 존중해 주어야 한다.

아이도 타인이다. 아이의 생각을 물어보고 감정을 적극적으로 표현할 수 있도록 허용하는 것이 자아존중감을 키워주는 것이자, 사회성 훈련의 기초다. 부모와 상호작용하지 않는 아이는 다른 사람과 상호작용도 힘들어하기 때문에 사회적 적응이 어렵다.

사회성 훈련 프로그램을 찾는 부모님이 가끔 있다. 그런데 살펴보면 자녀를 존중하지 않고 소통하지 않고 일방적으로 명령과 지시와 훈계를 하는 부모가 아이의 사회성이 부족하다고 사회성 향상을 위한 훈련 프로그램을 찾는 경우들이 있다.

사회성은 가정에서 부모가 길러주어야 한다. 아이가 욕구를 표현했을 때 엄마가 잘 알아차리고 적극적으로 반응해 주어야 한다. 부모가 아이의 감정을 수용하고 존중해 주면 아이는 부모를 신뢰하고, 그 신뢰감이 아이의 자존감을 높여주어 사회성이 길러진다.

부모는 자녀에게 중요한 타인이다

자녀가 성인이 되고 원가족에서 독립해 새로운 가정을 꾸린 후에도 서로 분리되지 못하고 미분화 상태로 살고 있는 부모 자식들이 참으로 많다. 이미 결혼해 독립했으면 육체적 독립뿐 아니라 경제적, 정서적으로도 독립해야 한다. 하지만 부모도 자식도 서로 독립하지 못한다. 몸은 떠났으나 마음으로 떠나보내지 못하고 있다. 그로 인한 가족 간 갈등이 고조되어 상담실을 찾는 경우가 많다.

명문 대학을 나와 대기업에 취업하자마자 곧바로 30세에 결혼한 남성이 있다. 그는 어머니가 갖은 고생을 하며 애지중지 키우고 경제적으로 무리를 해가면서 사교육에 투자해 좋은 대학에 들어갔다. 다행히 첫 직장도 대기업에 들어가 이제는 한시름 놓았다 싶었으나 바로 결혼해 버렸다. 어머니는 아들의 결혼을 처음에는 반대했으나 아들의 뜻이 강경해 허락할 수밖에 없었다.

그런데 문제는 결혼 후부터 시작되었다. 아들이 결혼하면 부부가 행복하게 잘 살도록 정서적으로 독립시켜주어야 한다. 그러나 어머니는 아들을 떠나보내지 못하고 태중에 있을 때처럼 모든 것을 함께하기를 원했다. 주말마다 아들을 불러 함께 시간 보내기를 요구했다. 아들은 어머니가 자신을 위해 얼마나 헌신했는지 잘 알기에 거절할 수 없어서 주말마다 어머니를 찾아갔다. 아내도 따를 수밖에 없었으나 시간이 지남에 따라 불만이 생기고 그로 인해 부부싸움이 잦아지게 되었다. 아들도 어머니에게서 정서적 독립을 하지 못하고 어머니도 아들을 분리하지 못한 채 정서적 융합이 되니 불화가 일어날 수밖에 없다.

이런 일화는 인터넷 맘 카페에 너무나도 많이 올라오는 사례라 그다지 놀랍지도 않다. 세상이 변하고 시대가 바뀌었는데도 여전히 반복되는 기이한 모자 관계, 부모 자식 관계를 이제는 벗어나야 한다. 언제까지 아들 또는 딸에게 자신의 인생을 의지하고 살 것인가. 많은 내담자를 만나면서 어쩌면 어른이 되지 못한 것은 결혼한 자녀가 아니라, 자녀를 결혼시킨 부모일지 모른다는 생각을 하게 된다.

타인임을 받아들이는 연습을 하자

자녀도 부모도 부부도 모두 타인임을 인정하기만 한다면 가족 간에 갈등은 벌어지지 않을 것이다. 성숙한 부부, 건강한 자녀, 행복한 가족, 더 나아가 더 좋은 관계로 발전시키고 관계를 살리기 위해서는 서로 이해하고 존중하고 인정해야 한다. 무엇보다 '인내'와 '기다림'을 통해 몸과 마음이 건강하도록 서로 돕는 것이야말로 우리가 지향해야 할 '참사랑'이다. 그러한 참사랑을 지속하기 위해서라도 서로를 철저한 타인으로, 나로부터 독립된 인격체로 받아들이는 연습을 할 필요가 있다.

집착도
사랑이라는 착각

사랑은 '물 주기'다

'식물은 주인의 발소리를 듣고 자란다'는 말이 있다. 시골 태생인 나는 어린 시절 부모님께서 농사짓는 모습을 보고 자랐다. 부모님은 한겨울 농한기를 제외하고 봄부터 가을까지 매일 새벽부터 농사일을 하셨다. 농사가 본격적으로 시작될 시기는 동이 트기 바쁘게 논으로 밭으로 나가 곡식을 돌봤다. 물주기, 김매기, 흙 북돋우기, 적당한 간격으로 옮겨 심기 등 농사일은 하루도 쉴 날이 없었다. 땀방울 쏟으며 온갖 정성을 다해 곡식을 가꾸셨다. 나와 동생들도 함께 따라다니며 심부름도 하고 일손을 거들기도 했다.

어느 날 여느 때처럼 부모님이 밭에 같이 나가서 일 좀 도우라고 했는데 그날따라 왠지 가기 싫었다. 부모님께 매일 나가는데 하루 정도 안 하면 안 되냐고 물었다. 부모님은 "식물은 주인의 발소리를 듣고 자란다"라고 하시며, "매일매일 들여다보고 정성을 쏟아야 해. 농사는 자식 키우는 것과 똑같은 거야. 애지중지 키워야 곡식이 잘 자라는 법이야"라고 말씀하셨다.

부모님을 따라다니며 느낀 것 중 하나가 있다. 물이 적게 필요한 식물이 있고 물이 많이 필요한 식물이 있다는 것이다. 여름에 가물어서 물이 부족하면 밭이 바싹 말라서 식물들이 시든다. 그래서 물을 흠뻑 많이 주었는데 다음에 가보면 어떤 식물은 싱싱하게 살아나고 또 어떤 식물은 오히려 뿌리가 썩어서 죽어버린다.

똑같이 물을 주는데 왜 어떤 것은 살아나고 또 어떤 것은 오히려 죽는 것일까? 어릴 때는 도무지 이해되지 않았다. 물을 많이 주어야 하는 식물과 적게 주어야 하는 식물이 있다는 사실이 말이다. 식물은 물 없이 살 수 없지만 적당히 주어야 한다는 것을 미처 알지 못했다.

적당히 주어야 생명수가 된다

사람도 이와 같다는 사실을 성인이 되어서야 깨달았다. 사람과 사람이 만나 사랑하고 함께 어우러져서 살아간다. 그런데 사람은 사랑에 목숨 걸고 사는 것 같다. 패티 김의 노래 〈그대 없이는 못 살아〉의 가사처럼 "그대 없이는 못 살아, 나 혼자서는 못 살아, 헤어져서는 못 살아, 떠나가면 못 살아" 하면서 사랑에 매달리며 결혼한다. 그러나 결혼한 후 "그대(당신 또는 너) 땜에 못 살아" 하며 아우성이다.

　식물에게 물이 필요하다면 사람에게는 사랑이 필요하다. 사랑을 주기도 하고 받기도 한다. 사랑은 사람으로서 잘 살아갈 수 있도록 돕는 원동력이다. 그러나 과한 사랑은 오히려 독이 되기도 한다. 적당한 불 세기로 적당한 시간 조리해야 맛있는 요리가 되는 것과 같다. 불 세기를 조절하지 않고 계속 가열하면 음식뿐만 아니라 냄비까지 모두 태워버린다.

　집착이 바로 그런 것이 아닐까. 사랑이라는 이름으로 상대방에게 자신이 원하는 대로 강요하는 것, 상대방이 싫다고 하는데도 계속 멈추지 않고 반복적인 행동을 하는 것이 과연 사랑일까? 상대방이 좋아하는 것을 해주는 것도 사랑이지만, 상대방이 싫어하는 일을 하지 않는 것은 더 큰 사랑이다. 그것이 올바르고 건강한 사랑일 것이다.

결혼이 아니라 사육당했던 여성

　40대 부부의 이야기다. 친구 소개로 만나 3년 정도 교제하다 남성이 먼저 결혼하자고 했다. 하지만 여성은 남성을 더 이상 만나고 싶지 않았고 결혼은 더욱 하기 싫었다. 남성은 매일 집까지 찾아와 결혼하자고 매달렸다. 여성이 싫다고 하자 남성이 "너와 결혼하지 못하면 확 죽어버리겠다"라고 해서 사람 한 명 살리는 셈치고 결혼했다.

결혼 전에는 그렇게 매달리며 결혼만 해주면 모든 걸 다 바칠 것처럼 하던 남자는 막상 결혼하고 나니 딴사람이 되어버렸다. 아내를 집 밖에도 나가지 못하게 하고 화장도 못 하게 하고 예쁜 옷도 입지 못하게 했다. 남편의 허락 없이는 친구도 만나지 못하도록 아내를 감시하고 통제하며 괴롭혔다. 아내는 마치 우리에 갇혀 사육당하는 느낌이었다.

아내는 죽을 것같이 힘들어서 일이라도 하게 해달라고 사정했다. 그렇게 해주지 않으면 이혼하겠다고 해서 겨우 작은 가게 하나를 시작했다. 그런데 남편은 아내 몰래 가게에 CCTV를 설치해 아내를 감시했다. 그러던 어느 날 아내가 남자 손님에게 친근하게 대하는 모습을 보고 망치를 들고 가게에 달려와서 테이블을 내리쳤다.

흔히 '의처증'이라고 불리는 이런 일은 비단 여성에게만 일어나는 것이 아니다. 2020년 한국가정법률상담소에 접수된 3,000여 건의 가정폭력 중 20~30퍼센트는 의처증과 의부증에 의한 것이라는 여성가족부의 조사 결과에서 보듯 상대 배우자를 의심하는 망상장애는 부부 사이에 드물지 않게 일어난다.

그가 하는 건 사랑이 아닙니다

20대 중반의 여성이 상담실에 와서 고민을 털어놨다. 2년 정도 만나고 있는 남자친구가 있는데 계속 만나야 할지 헤어져야 할지 고민 중이라고 했다. 남자친구가 자신을 정말 사랑하기는 하는

데 어떤 때는 진짜 사랑인지 헷갈릴 때가 있다는 것이었다.

이유를 물어보니 만나면 즐겁게 잘해주는데 헤어져 있는 시간이 힘들다고 했다. 남자는 헤어져 있을 때 여성의 모든 상황을 알고 싶어 했다. 여성은 호텔에서 호텔리어로 근무하고 있어서 근무시간에 개인 통화는 물론 메신저를 하기도 어렵다. 그런데 근무시간에 수시로 전화해서 뭐 하는지 물어보고 저녁에 만나지 못하면 출근길에 지하철역에서라도 잠깐 만나기를 강요했다. 더 큰 문제는 1박 2일 일정으로 진행되는 회사 단체 워크숍에 가지 말라고 종용한다는 것이었다. 과연 이 남자는 이 여성을 진심으로 사랑하는 것일까? 이것이 올바른 사랑일까? 나는 이 여성에게 그건 진정한 사랑이 아니라고 대답했다. 그리고 얼마 후 이 여성은 남자친구와 헤어졌다.

모든 것을 알아야 하는 것은 아니다

약사 부부가 있었다. 부부는 각각 다른 곳에서 약국을 운영하고 있었다. 부부의 약국이 각각 잘 운영되어 경제적으로 넉넉해 주말에는 골프도 치고 즐겁게 사는 것처럼 보였다. 그런데 아내는 매일 매 순간 남편의 상황을 알고 싶어 했다. 남편의 일거수일투족을 확인하고 감시했다. 저녁이면 누구랑 통화했는지 핸드폰을 확인하고 누구랑 밥 먹었는지, 무엇을 먹었는지 궁금해했다.

처음에는 남편도 아내가 원하는 대로 다 들어주었으나 장기적으로 반복되니 짜증이 나기 시작했다. 나중에는 카드 사용 내역과 용도를 일일이 확인했다. 남편은 숨이 막히기 시작했다. 아내만 생각하면 화가 나고 스트레스가 쌓였다. 결국 이 부부는 이혼소송을 하기에 이르렀다.

사랑으로 시작되었으나 사랑이 과해 집착이 되어버렸다. 아내는 남편을 사랑했으나 서로 떨어져 있는 시간이 궁금해 알고 싶고 불안하기까지 했다. 이처럼 건강한 사랑을 하지 못하면 잘못된 사랑, 병리적인 사랑을 하게 된다. 다시 말해 사랑이 아프다.

앞의 사례들에서 알 수 있듯이 사랑이라는 이름으로 시작하지만 잘못되었거나 지나친 사랑은 의처증이나 의부증과 같은 병으로 나타난다. 더 심한 경우에는 폭력이나 그보다 더한 범죄에 이르는 경우도 많다. 그리고 그 원인이 자신에게 있음에도 상대방의 잘못으로 책임을 전가한다.

사랑과 집착의 차이

사랑은 상대방을 이해하고 배려하는 것이다. 또한 상대방의 필요를 아는 것이다. 한마디로 상대방 중심적이다. 사랑은 조건 없이 상대방을 수용하는 것이다. 있는 그대로를 존중해 주는 것이 진정한 사랑이다.

집착은 상대방을 온전히 혼자만 소유하고 독차지하는 것이다. 한마디로 '나만 바라봐'라는 식이다. 상대방의 감정이나 의견을 묻지 않고 일방적으로 결정하고 따르도록 강요한다. 그리고 따르지 않으면 화를 낸다. 상대방이 무얼 하고 싶은지 무슨 생각을 하는지는 전혀 관심 없고 지극히 자기중심적이며 의존적이다.

사랑과 집착의 가장 큰 차이는 사랑이 흐르는 방향을 보면 쉽게 파악할 수 있다. 진정한 사랑은 상대방을 향하고, 집착은 자기 자신에게 향한다. 집착은 매우 이기적이다. 상대방이 자신을 위해 존재하는 것처럼 말이다.

그렇다면 어째서 건강한 사랑을 하지 못하고 집착하는 걸까? 어린 시절 불안정한 애착이 원인이다. 상대방이 눈앞에 없으면 불안하다. 영유아기에 엄마가 눈앞에 보이지 않으면 불안해서 엉엉 우는 것과 같다. 아기일 때는 불안을 울음으로 표현하지만, 성인이 되어서는 집착으로 나타난다. 상대방이 옆에 없으면 불안하고 그 불안을 해소하기 위해 자신이 원하는 대로 상대방이 따라오도록 조종한다. 자기 마음대로 되지 않으면 오히려 상처를 준다. 집착하는 사람들은 대개 자존감이 낮다. 자기 스스로를 신뢰하지 못하고 누군가에게 의존하려고 한다.

식물이 잘 자라려면 적당한 물과 공기, 햇볕이 필요하듯 사람은 어린 시절 양육자에게 따뜻한 사랑과 돌봄을 받아야 건강하게 성장할 수 있다. 건강하게 잘 성장한 사람이 상대방에게 집착하지 않고 상대방에게 자율성을 주고 인격적으로 신뢰하고 존중하며 올바른 사랑을 할 수 있다.

관계를 잘 이어가는 비결은 상대방의 모든 것을 알아야 한다

는 집착에서 벗어나는 데에서 시작된다. 그런 마음에서 자유로워
야 사랑도 믿음도 성숙하고 깊이 있는 인간관계가 싹틀 수 있다.
이 단순한 진리만 명심하고 지킨다면 서로 사랑하면서 즐겁게 사
는 삶의 기쁨을 누릴 수 있다.

'답게'
살아라?

강요된 '다움'

초등학교 4학년 남자아이가 상담실을 찾아왔다. 아이가 좀 문제가 있으니 상담을 해달라고 엄마가 데리고 온 것이다. 아이를 보니 4학년 평균 체격보다 크고 건강해 보였다. 하지만 건장한 신체와 달리 어딘지 모르게 주눅 들고 힘든 기색이 보였다. 그래서 아이에게 "혹시 힘든 게 있으면 말해줄 수 있겠니?" 하고 물어보았다. 아이는 잠시 머뭇하다가 말하기 시작했다.

> **아이**   선생님, 저에게 동생이 둘 있는데요. 저는 동생들이 없으면 좋겠어요.
>
> **상담사**   아, 동생들이 있어서 힘들구나?
>
> **아이**   동생들이 귀찮고 짜증 나게 하지만 사실은 엄마 때문

에 더 그런 생각이 들어요.

상담사 엄마가 어떻게 했는데 '엄마 때문에 동생들이 없으면 좋겠다'는 생각을 했니?

아이 엄마는 저에게 늘 '형답게 굴어야 한다'고 해요. 그런데 저는 동생들의 형이 아니라 그냥 저로만 살고 싶어요.

상담사 그렇구나.

아이 그뿐만이 아니에요. 엄마는 제가 유치원에 다닐 때는 '유치원생답게 굴어라', 초등학교에 입학했을 때는 '초등학생답게 행동해라', 4학년이 되니까 '4학년답게 선생님 말씀 잘 들어야 해'라고 해요. 그래서 저는 '답게'라는 단어가 이 세상에서 제일 싫어요.

어린아이는 어린아이다워야 한다. 그런데 초등학교 4학년 남자아이는 동생이 태어나면서 형으로 살아야 했다. 아이가 원한 것도 아닌데 말이다. 대부분 동생이 잘못한 일로 싸움이 시작되는데 동생은 불리하면 꼭 먼저 울어버린다. 그러면 엄마는 얼른 달려와 "왜 동생을 울리느냐?"라며 이유도 묻지 않고 형을 혼낸다. "형이 동생을 배려하고 이해해야 한다. 형이니까 동생에게 맞춰줘야 한다"라고 형의 마음을 알려고 하지 않고 동생만을 위해야 한다고 강요한다. 이 아이는 그래서 억울하고 화가 나서 엄마와 대화하고 싶지 않다.

그보다 더 큰 문제는 집에서 늘 양보하고 배려하고 이해하라는 강요를 받다 보니 학교에 가서 친구들과 놀면서 억울한 일이 생겨도 자신의 입장을 솔직하게 말하지 못하고 늘 피해를 본다는 것이었다. 그래서 친구들과의 관계가 너무 힘들다고 호소했다.

"네가 우리 집 기둥이야"

학원을 운영하는 40대 여성 원장님도 '다움'의 상처가 있었다. 장녀인 원장님에게는 동생이 3명 있다. 공부도 꽤 잘해서 명문대 수학과를 졸업하고 유명학원 강사로 시작해서 지금은 직접 학원을 운영하고 있다. 원장님은 어린 시절부터 "착하게 살아야 한다", "다른 사람들에게 해를 끼치면 안 된다", "큰딸답게 굴어야 한다"라는 말을 들으며 살았다.

부모님은 똑똑한 딸이 늘 든든하고 자랑스러웠다. "네가 우리 집 기둥이다. 우리 집안을 일으킬 사람은 너밖에 없다"라고 귀에 못이 박히도록 이야기했다. 원장님은 자기 삶을 산 것 아니라 큰딸의 역할만 하며 살아왔다. 하고 싶은 말이 있어도 참고, 원하는 것이 있어도 말하지 못하고, 늘 양보하고 희생하며 한마디로 '큰딸답게' 살아야 했다.

그러한 환경에 익숙해지자 성인이 되어서까지 문제를 안고 살아가게 됐다. 학부모들에게 원장으로서 해야 할 말, 예를 들면 학원비가 많이 밀려 있어도 납부해 달라는 말을 하지 못한다. 또한 중간고사나 기말고사를 앞둔 기간에는 주말도 없고 늦은 밤까지 학생들을 지도해 주기를 원하는 부모들의 요구를 거절하지 못하고 간식까지 챙겨 먹이면서 아이들의 학습을 도왔다. 그뿐만 아니라 학생들과 학부모들에게 과잉 친절, 과잉 희생을 베푸느라 정작 자신의 지친 마음과 건강을 돌보지 못해 결국 번아웃(burnout) 증후군을 느끼고 내방한 것이다.

거짓 자기와 참 자기 구별하기

'답게 살아야 한다'는 이야기는 앞에 기술한 초등학교 4학년 아이와 학원 원장님만 해당되는 일은 아닐 것이다. 어린 시절 나도 참 많이 들었던 말이다. 5남매의 장남인 아버지, 그 아버지의 6남매 중 맏딸인 나는 나로서만 살기엔 너무 가족이 많았다. 싫어도 싫다고 할 수 없고 좋아도 좋다고 할 수 없었다. 그저 "착하게 살아야 한다", "이해하며 살아야 한다", "양보하며 살아야 한다"라는 말을 들으며 애어른이 되어갔다.

다섯 동생들 앞에서 철부지 같은 행동을 하거나 어린애처럼 떼쓸 수 없었다. 누가 강요하지 않아도 환경적으로 그래야만 했다. 한마디로 '장녀답게' 살아야 했다. 그래서 성인이 되어서도 싫은 것도 싫다고 하지 못하고 내 생각을 강하게 주장하지 못했다. 내 생각은 달라도 그냥 남들의 의견에 따랐다.

어릴 때부터 그렇게 살아왔으니 성인이 되어서도 변함없었다. 결혼해서는 착한 며느리답게 살기 위해 최선을 다했다. 나는 큰딸이나 며느리가 아닌 진정한 '나'로 살지 못했다. 주위 사람들이 원하는 나의 모습에 맞춰 살았다.

도널드 위니컷은 이것을 '참 자기(true self)'와 '거짓 자기(false self)'로 분류했다. 참 자기란 자신의 의지대로 사는 자아, 거짓 자기는 주어진 환경에 맞춰 타협하며 사는 자아를 말한다. 그의 말에 따르면 나는 거짓 자기로 살아왔다.

꼭 착할 필요 없다

《왜 나만 착하게 살아야 해》(북카라반, 2020)를 쓴 김승환 저자 역시 자신이 원하는 대로 살지 못하고 주변의 타인들이 원하는 모습으로 살았다고 한다. 자신은 철학과를 가고 싶었지만 주변에서 취업이 잘되는 전자공학과를 가야 한다고 해서 결국 전자공학과를 갔다. 착하게 살아야 한다는 프레임에 갇혀 자신의 의지를 솔직하게 표현하지 못했다.

예를 들어 친구들이 모여 점심 메뉴를 정할 때 자신은 짬뽕이 먹고 싶은데 다른 친구들이 짜장면을 먹겠다고 하면 어쩔 수 없이 짜장면을 먹었다. 그는 그 이유를 모두가 짜장면을 말하는데 짬뽕을 외쳤을 때 눈초리를 받기가 싫고 반대 의사를 밝혔다가 심적인 압박을 받고 싶지 않아서 '척'한 것 같다고 했다. 그의 글을 읽고 거짓 자기로 사는 사람이 의외로 많다는 사실을 새삼 실감하면서 마음 한쪽이 씁쓸해지는 것을 느꼈다.

대상관계 이론에서는 '자기(self)'라는 개념이 '중요한 타인들의 피드백에 의해 만들어진다'고 한다. 어린 시절에 "너는 참 착하구나, 너는 어른들 말씀을 참 잘 듣는구나, 너는 참 예의 바르구나"라는 말을 많이 들었다면 그에 맞춰 살아간다는 것이다. 주변 사람들의 피드백에 의해 착하고 말 잘 듣고 예의 바른 아이로 자라야 한다는 자기 개념이 자신도 모르게 형성된 것이 아닐까?

나는 너의 기대에 맞춰 살기 위해 이 세상에 있는 것이 아니다

게슈탈트 이론(Gestalt theory)의 창시자로 유명한 독일의 정신과 의사이며 심리학자 프리츠 펄스(Fritz Perls)는 다음과 같은 게슈탈트 기도문을 발표했다.

나는 나의 일을 하고
너는 너의 일을 한다.
나는 너의 기대에 맞춰 살기 위해
이 세상에 있는 것이 아니다.
너도 나의 기대에 따르기 위해
이 세상에 존재하는 것이 아니다.
너는 너
나는 나

만약 우연히 우리가 서로를 발견하게 된다면

그것은 아름다운 일

그러나 서로 만나지 못한다고 해도

그것은 어쩔 수 없는 일.

이 글을 보며 나에 대한 타인의 시선을 지나치게 의식해 타인이 요구하는 삶이 아니라 자신이 원하는 삶을 살아가자는 메시지가 깊이 와 닿는다. 큰아들답게, 큰딸답게, 며느리답게, 사위답게, 형답게, 언니답게, 아내답게, 남편답게, 직장인답게, 선생님답게, 초년생답게, 대학생답게 등 우리에게 주어지는 역할은 많고도 많다. 그러나 이제부터라도 '~답게'가 아닌 '나'라는 주체로 살아가는 것이 필요하다.

타인에게 맞추는 삶이 아니라 나를 위한 삶을 살자. '나'라는 인생 무대에서 내가 주인공으로 사는 것이다. 주위에서 원하는 모습에 부응해 사는 것이 아니라 내가 나를 책임지며 진실한 '나'로 살아보자. 거짓 자기가 아닌 참 자기로.

거절은 단호하게,
그러나 정중하게

선물을 거절 또는 수락합니다

아이들이 재미있게 하는 보드게임 중에 '선물입니다'라는 공감 소통 게임이 있다. 또래 관계에서 자신이 하고 싶은 말을 제대로 표현하지 못하거나 자기주장과 거절을 못 해서 어려움을 겪는 아동·청소년들을 상담할 때 자주 활용하는 놀이 기법이다.

'선물입니다' 게임은 50장의 플레이 카드로 구성된다(4장의 요술봉 카드도 있는데, 이것은 조커 같은 기능을 한다). 그중 선물이 그려진 플레이 카드는 46장이고 나머지 4장은 게임 종료를 알리는 카드다. 플레이 카드에는 여러 가지 그림과 함께 0부터 9까지 숫자가 표기되어 있는데, 각 숫자 옆에는 플러스(+), 마이너스(-) 부호가 붙어 있다. 플러스 점수 카드는 총 27장이고 마이너스 점수 카드는 총 19장이다. 게임 방법은 다음과 같다.

먼저 순서를 정한다. 자기 순서가 되면 주어진 카드 3장 중 1장을 다른 사람에게 건네며 '선물입니다'라고 말한다. 상대방은 이것을 받을지, 안 받을지를 결정한다. 받으면 "감사합니다"라고 말한 뒤 게임이 끝날 때까지 자기 앞에 카드 그림이 보이도록 놓아둔다. 받지 않기로 했다면 "거절합니다"라고 말한 뒤 카드를 준 사람 앞에 그림이 보이도록 놓아둔다. 선물을 준 사람은 카드 더미에서 새로운 카드를 1장 가져와 늘 자기 카드는 3장으로 유지한다. 이렇게 진행하다 누군가 자기 차례에 게임 종료를 알리는 카드를 뽑으면 게임이 끝난다.

종료 카드를 뽑은 사람은 가지고 있는 3장의 카드를 보통 때와 같은 방식으로 다른 사람에게 선물할 수 있다. 이때도 상대는 선물을 받을지 말지를 결정한다.

게임이 끝나면 점수를 계산한다. 숫자 옆에 적힌 플러스와 마이너스를 계산해서 가장 높은 점수가 나온 사람이 이긴다.

미안한 선물, 고마운 선물

'선물입니다' 게임의 묘미는 나와 상대방의 감정을 살필 수 있다는 점이다. 예를 들어 '-9' 카드를 줄 때는 상대방에게 조금 미안한 마음이 들고, 반대로 '+9'나 '요술봉 카드'를 줄 때는 뿌듯한 기분이 든다(요술봉 카드가 있으면 자신의 마이너스 점수를 플러스 점수로 바꿀 수 있다). 상대방이 나에게 마이너스 카드를 연속해서 주면 받는 사람 입장에서는 기분이 좋지 않다. 그래서 나도 가지고 있는 것 중에 가장 큰 마이너스 카드를 주게 된다.

이 게임의 취지는 주는 사람은 기쁜 마음으로 선물을 주고, 받는 사람은 감사한 마음으로 받으며 긍정적 감정을 서로에게 돌려주는 것이다. 그리고 서로 눈치 게임을 하면서 상대가 나에게 마이너스 카드를 줄지, 플러스 카드를 줄지를 예상하는 재미도 있다.

이 게임이 가져다주는 또 다른 효과가 있다. 바로 거절하는 연습을 할 수 있다는 것이다. 상대가 주는 카드 선물을 받고 싶지 않을 때 게임 안에서 자연스럽고 당당하게 거절하는 연습을 할 기회가 생긴다. 나는 상대방의 부탁을 거절하기 어려워하는 아동이나 청소년들에게 이 게임을 하도록 시킨다. 이 게임의 효과는 매우 드라마틱하다.

학교 친구들에게 자기 생각을 이야기하는 것을 어려워하고 친구들의 부탁을 거절하지 못하고 다 들어주다가 또래 관계가 어려워지고 학교 가기가 싫어진 여중생이 있었다. 이 학생의 욕구는 자신의 이야기를 자신 있게 말하는 것과 필요할 때는 거절하면서도 친구들과 활발하게 잘 지내는 것이었다. 그래서 거절을 잘하는 기술을 가르치는 것이 상담 목표였다.

거절도 배울 수 있다

여학생과 '선물입니다' 게임을 반복적으로 했다. 때로는 계속

해서 '거절합니다'를 반복적으로 하도록 지시하기도 했고, 또 어떤 경우에는 상담자인 내가 학생의 선물을 카드 종류에 상관없이 단호하게 거절해 게임에 지기도 했다. 이 학생은 게임에서도 처음에는 '거절합니다'라는 말을 하지 못했다. 상담 횟수가 늘어남에 따라 '거절합니다'를 자신 있게 말하게 되었고 친구들과의 관계에서 거절하기를 조금씩 응용하기 시작했다.

어느 날 학교에서 친구가 들어주기 불편한 부탁을 했다. '거절합니다'를 열심히 연습한 여학생은 드디어 친구의 부탁을 '싫다'고 당당하게 말했다. 그 후 자신의 이야기를 잘 전달하는 훈련을 받았고 생활 속에서 적용해가자 또래 관계가 좋아졌다. 춤을 좋아하는 여학생은 2학기 학교 축제에서 친구들과 함께 장기자랑을 멋지게 해냈다고 한다. 그뿐만 아니라 예고에서 운영하는 영재원 시험에 합격하는 쾌거를 이루어냈다.

'도망치고 싶다, 눈치 보다, 창피하다, 걱정스럽다'와 같은 불안과 두려움이 가득했던 정서가 몇 개월 상담을 진행한 후 '자신감 있다, 평안하다'로 변화했다. 여중생은 자존감 검사에서 높은 자존감을 기록해서 상담을 종결했다.

거절을 못 하면 거덜 난다

거절하지 못해서 거덜 난 친구가 있다. 정확히 말하면 친구 남편의 이야기다. 평소 친하게 지내던 지인으로부터 친구 남편은 돈을 빌려달라는 부탁을 받았다. 그것도 꽤 큰 액수였다. 그런데 남편은 지인이 부탁한 금액의 현금이 없었다. 남편은 '착하다, 좋은 사람이다'라는 말을 늘 듣고 살아오면서 지금까지 다른 사람의 부탁을 거절해본 적이 거의 없었다. 남편은 고민 끝에 아내에게 말하지 못하고 은행에서 대출을 받아 돈을 빌려줬다. 그러나 한 달만 쓰고 바로 갚겠다던 지인이 몇 년이 되어도 갚지 않아 이자를 감당하기 버거운 상황에 이르자 아내에게 털어놓았다. 돈을 빌린 지인은 끝까지 돈을 갚지 않고 연락까지 끊어버렸다고 한다. 결국 돈도 잃고 관계까지 잃었다.

그 일로 친구는 집을 팔고 이사를 가야 하는 매우 어려운 상황에 처하게 되었다. 그 남편이 지인에게 돈을 빌려주지 않았다면 당시에는 섭섭하다고 했을지언정 돈도 지키고 관계도 잃지 않았을 것이다.

"선생님, 저는 어떻게 하면 좋을까요?"

40대 초반 여성이 상담 첫날 건넨 첫마디였다. 여성의 이야기를 들어보니 앞의 사례와 비슷한 내용이었다. 어린 시절부터 매우 친하게 지내온 친구가 있었다. 친구는 남편의 사업이 잘되어 경제적으로 꽤 부유하게 살았다. 그런데 어느 날부터 사업이 기울기 시작해 주위에서 돈을 빌려야 할 정도로 어려운 상황에 처했다.

그 사실을 알게 된 어느 날 그 친구가 돈을 빌려달라는 부탁을 했다. 여성은 둘도 없는 친구의 부탁을 차마 거절할 수 없었다. 결국 그동안 모아온 꽤 큰돈을 남편 몰래 덜컥 빌려주고 말았다. 그런데 어느 날 남편이 그 사실을 알게 되었다. 남편은 액수가 생각보다 커서 충격을 받았다. 평생 모아온 돈을 다 잃고 앞날이 걱정된 남편은 급기야 아내에게 "그 돈을 가져오지 않으면 이혼하겠다"라고 했다.

이러한 일은 결코 드문 사례가 아니다. 우리 부모님들 세대도 보증을 서달라는 친구의 부탁을 거절하지 못해서 집안 살림이 망한 경우는 매우 흔한 이야기였다. 이 모든 일들이 거절하지 못해서 빚어진 일이다.

상대방의 부탁을 들어줄 수 있는 것과 없는 것이 있다. 그런데 관계가 나빠질까 봐, 아니면 자신이 나쁜 사람으로 낙인찍힐까 봐 두려워서 거절하지 못하는 사람들이 우리 주위에 많다. 유아기부터 성인에 이르기까지 우리는 거절에 익숙하지 않은 문화에 살고 있다. 그래서 우리는 상대방이 상처받지 않고 거절하는 기술을 배우고 익혀야 한다.

거절을 잘하려면

상대의 간곡한 부탁을 거절하는 것만큼 어려운 일이 또 있을까? 그래도 살면서 반드시 해야 하고 할 수 있어야 하는 일이 거절이다. 거절을 잘하려면 어떻게 해야 할까?

거절을 잘하려면 먼저 자신의 한계를 정하는 것이 필요하다. 앞의 사례처럼 돈을 빌려달라고 부탁하는 경우에는 자신의 경제적 한계를 먼저 점검해 봐야 한다. 돈이 있더라도 당장 쓸 데가 없는 여윳돈인지, 아니면 급하게 곧 써야 할 돈인지를 구별해야 한다. 예를 들어 한 달 후 아파트 잔금으로 지불해야 하는 돈이라면 절대 빌려줘서는 안 된다. 여윳돈이라면 상대가 갚지 않아도 자신의 생활에 큰 영향이 없는지를 확인한다.

그렇지 않다면 돈을 빌려달라는 부탁은 애초에 거절해야 한다. 어떻게 거절해야 할까? 단호하게 해야 한다. '거절하면 친구가 화내겠지? 거절하면 나를 친구라고 생각 안 하겠지? 거절하면 나를 나쁜 사람이라고 욕하겠지?' 등과 같은 생각은 하지 않아도 된다. 그 친구가 뭐라고 하든 신경 쓸 필요 없다. 설령 돈을 빌려주지 않으면 친구 관계를 끊는다고 할지라도 말이다. 그것은 그 친구의 몫이지 내가 염려할 일이 아니다.

꼭 돈과 관련된 일만 거절하는 것은 아니다. 가정에서 부모와 자녀 사이, 형제와 자매 사이, 부부 사이에서 작은 일을 부탁할 때도 있다. 직장에서 상사가 부하직원에게 업무 관련 부탁할 때도 있다. 일상적인 작은 부탁은 들어주었을 때 관계가 더 돈독해지는 경우가 많다. 그러나 때로는 거절했을 때 오히려 관계가 좋아지거나 좋은 관계를 유지할 수 있는 경우도 의외로 많다.

단호하고 당당하게, 건강하게 거절하기

무리한 부탁은 반드시 건강한 거절을 할 필요가 있다. 건강한 거절이란 단호하고 당당하게 하는 것이다. 초등학교 아이들의 경우 친구가 자신의 숙제를 대신 해달라는 부탁을 했다고 가정해 보자. 그때는 "네 숙제는 너의 몫이야. 그러니 너 스스로 해"라고 하면 된다.

가정에서 엄마가 자녀에게 급하지 않은 일을 지금 당장 하라고 다그치는 경우, "엄마, 저 지금 숙제해야 해요. 숙제 먼저 끝내고 할게요"라고 하면 된다. 주부인 경우 약속이 없던 친구가 점심 시간이 다 되어 갑자기 전화해서 "오늘 점심 같이 먹자"라고 했을 때 "오늘은 내가 선약이 있어서 힘든데, 내일 보는 건 어때"와 같이 상대방이 기분 상하거나 상처받지 않으면서 눈치 보지 않고 당당하게 거절할 수 있어야 한다.

직장 상사가 자신이 해야 할 업무를 무리하게 부탁했다고 가정해 보자. "김 대리, 오늘 저녁까지 이 보고서 완성해"라고 부탁이 아닌 명령처럼 지시한다면 기분이 나쁠 것이다. 불쾌하고 내키지 않으면서도 "네 알겠습니다"라고 받아들이면 다음에도 계속 비슷한 부탁을 할 수 있다. 그런 경우 "과장님, 오늘은 제가 다른 급한 업무가 있습니다. 내일 보고서 작성해드리겠습니다"라고 하면 된다. 이렇게 단호하고 정중하게 거절할수록 좋은 관계가 오래 이어질 수 있다.

세상을 슬기롭게 살려면 삶의 기술이 필요하다. '거절'은 매우 중요한 기술이다. 무리한 부탁은 '반드시' 거절하고, 거절할 때는 주눅 들지 말고 '단호하고 당당하게' 하자. 이 두 가지만 마음에 새긴다면 거절을 못 해서 관계가 어그러지거나 끊어지는 일은 없을 것이다.

기다림
그리고 관찰

삶은 기다림의 연속

우연히 보게 된 TV 프로그램의 한 장면이 강한 기억으로 남아 있다. KBS1에서 방영한 교양 다큐멘터리 〈자연의 철학자들〉이다. 프로그램 소개글에는 이렇게 적혀 있다. "도시를 벗어나, 삶이 자연이고, 자연이 삶이 된 '자기 인생의 철학자들'! 가공되지 않은 순정한 영상과 그들만의 통찰이 담긴 언어로 기록한 고품격 내추럴 다큐멘터리."

주인공은 외국 유학까지 가서 사진을 공부하고 돌아온 사진작가였다. 그런 이력의 주인공이 귀농해 농사를 지으며 자연을 렌즈에 담아내는 일상을 그려내는 프로그램이다. 사진작가가 나비의 가장 아름다운 모습을 한 장의 사진으로 담기 위해 꽤 긴 시간 온몸을 풀밭에 털썩 엎드려서 숨죽여 기다리며 관찰하는 모습이 꽤 인상적이었다. 그 장면을 보면서 나태주 시인의 〈풀꽃〉이 떠올랐다.

자세히 보아야
예쁘다
오래 보아야
사랑스럽다
너도 그렇다

사진 한 장 남기기 위해 뙤약볕 아래서 숨도 크게 못 쉬고 오랜 기다림의 시간을 견디며 자세히 보고 오래 보고 관찰하는 장면이 사진작가가 찍은 귀한 사진 한 장보다 더 강하게 가슴에 박혔다. 왜 그랬을까?

우리 삶이 바로 그 기다림의 연속이라는 사실이 그 순간 섬광처럼 와 부딪쳤다. 그리고 자세히 보아야 진실이 제대로 보인다는 사실이 그날 사진작가의 모습에서 유독 강하게 다가왔다.

우리 삶은 기다림의 연속이다. 아무리 배가 고파도 밥솥에 쌀을 씻어 안치고 밥이 될 때까지, 그리고 뜸이 들 때까지 기다려야 맛있는 밥을 먹을 수 있다. 세탁기에 빨랫감을 넣고 버튼을 눌러 세탁이 끝날 때까지 기다려야 깨끗한 옷을 입을 수 있다. 나무에 사과가 열려도 빨갛게 익을 때까지 기다려야 맛있는 사과를 먹을 수 있다.

이 세상에서 가장 위대한 기다림은 태아가 잉태되어 약 40주,

즉 태내에 있는 280일이 아닐까. 그 기간을 온전히 기다려야 새 생명을 만날 수 있다. 태아와 엄마가 아무리 빨리 만나고 싶어도 기다려야 한다. 그 기다림이 길고 힘든 과정이기에 생명이 더 귀하고 위대한 것이 아닐까?

신생아로 태어난 후에도 약 1년을 기다려야 아기들은 걸음마를 시작한다. 엄마, 아니 부모는 끝없이 기다려야 한다. 신체적 성장도 정서적 성장도 기다림이 필요하다. 그러나 부모들도 부모가 처음이기에 자녀의 성장 과정을 기다리는 일이 쉽지 않다. 그나마 신체적 성장은 눈으로 보이기에 자라는 모습을 확인할 수 있지만, 정서는 눈에 보이지 않기에 가늠할 수 없다.

완벽주의 엄마와 민감한 아이가 만나면

엄마들은 대개 아이가 유치원에서 돌아오자마자 "오늘 유치원에서 뭐 했어?", "뭐 배웠어?", "점심은 뭐 먹었어?", "누구랑 놀았어?"라며 질문을 쏟아낸다. 그러면 아이는 "몰라, 몰라"라며 귀찮다는 듯 대답하는 둥 마는 둥 한다.

엄마의 입장에서 보면 아이가 유치원에 다녀오면 얼마나 많은 것들이 궁금하겠는가. 결코 조급증이 있어서가 아니다. 그것이 아이에 대한 엄마의 사랑과 관심의 표현이다. 그러나 아이는 엄마의 쏟아지는 질문이 귀찮고 성가시기만 하다. 뭐가 그리 궁금한지, 잘 기억도 나지 않는 하루 일과를 일일이 대답하라고 한다. 그래서

'몰라'로 일관한다.

이때는 아이도 엄마도 일종의 조율이 필요하다. 어린아이가 그 조율 지점을 찾을 수는 없을 테니 엄마가 기다려야 한다. 이러한 경우 아이가 말하고 싶을 때까지 기다릴 필요가 있다. 그리고 아이의 마음이 어떤지 관찰해야 한다. 아이의 아주 작은 행동을 주의 깊게 관찰하고 그것을 엄마가 표현해준다. 긍정적인 행동이 관찰되면 즉시 구체적으로 칭찬부터 해준다. 그러면 아이는 조금씩 마음의 문을 열고 이야기하기 시작한다. 그렇게 자녀들을 돌보는 일도 끝없는 기다림의 연속이다.

자극에 매우 민감하고 분리불안이 있는 6세 남자아이를 둔 엄마가 상담실에 내방했다. 엄마는 내 아이를 잘 모르겠다, 어떻게 키워야 할지 몰라 육아가 너무 어렵고 난감하다고 했다. 엄마의 이야기를 들어보니 아이는 엄마의 이야기대로 외부 자극에 매우 민감했다. 남자아이는 외부에서 들어오는 빛과 소리 등 시각과 청각 외에 후각, 미각, 촉각 등 오감을 포함해 엄마의 말소리조차 시끄러운 소음으로 받아들였다. 그런데 엄마는 아이를 이해하지 못하고 유치원에서 오자마자 온갖 질문들을 쏟아낸다. 그러면 아이는 시끄럽다며 귀를 막는다.

대가족 안에서 자란 엄마는 시끄럽고 북적대는 분위기에 익숙했다. 그래서 사람들과 함께 부딪히고 교류하며 살아야 한다고 생각한다. 신체 및 정서적 에너지도 보통 사람들보다 크고 밖으로 나가 활동하기를 좋아하는 유형이다. 그런데 안타깝게도 아이는 정반대 성향이었다. 혼자만의 물리적 공간과 시간이 필요하고 조용한 것을 좋아한다. 또한 신체적 에너지는 매우 낮고 정서적 민감성이 높았다. 제3자가 객관적으로 봐도 정말 안 맞는 정반대 성향의 엄마와 아들이다.

실제로 두 모자는 기질 검사 결과에서도 정반대로 나왔다. 엄마는 말하는 것을 즐기고 밖으로 나가고 싶어 하는 성향에다 규율과 원칙을 강하게 따지며 자신만의 틀을 가진 완벽주의자다. 그러나 자기주장은 강한 반면 정서적 민감성은 낮은 편이라 자신의 감정도 잘 인식하지 못한다. '좋은 게 좋은 거지' 하며 중요한 사안을 그냥 지나치거나 놓쳐버릴 때도 많다.

정서적으로는 둔감하지만 원칙과 규율은 강조하다 보니 아이에게 요구 사항과 잔소리가 많다. 아이가 원하는 것보다는 자신이 원하는 대로 움직여야 마음이 놓인다. 아이가 힘들어하면 '왜 힘들지?', 대답하지 않으면 '왜 대답을 안 하지?', '왜 밖에 나가기 싫지?' 하며 아이가 도무지 이해되지 않아 매우 답답해한다. 아이의 관점이 아니라 엄마의 관점으로 바라보니 이해될 리 만무하다.

아이를 기다려주세요

나는 첫 번째 솔루션으로 아이가 말하고 싶을 때까지 기다려주라고 했다. 유치원에서 돌아오면 반갑게 맞이하며 사랑의 마음을 담아 꼭 껴안아주고 "유치원 다녀오느라 수고 많았어"라고 인사해 주라고 권했다. 그리고 아이의 표정과 행동을 자세히 들여다보며 반드시 관찰하라고 했다. 관찰은 사물이나 현상을 주의해 자세히 살펴보는 것이다. 엄마는 반드시 아이를 관찰한 후 아이의 작은 표정, 행동, 언어에 대해 구체적인 칭찬을 먼저 해주어야 한다. 즉, 기다림과 관찰을 균형 있게 배분하는 것이다.

다음 날부터 엄마는 이 원칙을 그대로 적용했다. 그러던 어느 날 아이가 먼저 말하기 시작했다. 유치원에서 돌아오자마자 아이는 "엄마, 유치원에서 친구가 나랑 놀자고 해서 재미있게 놀았어"라고 말했다. "그랬어? 친구랑 놀아서 재미있었겠다. 엄마한테 먼저 이야기해줘서 엄마는 정말 기분 좋고 고마워"라고 엄마는 아이에게 자신의 감정을 전달했다. 이렇게 엄마와 아들은 대화를 나누기 시작했다.

긍정의 말을 해주세요

두 번째 솔루션으로 부정적인 언어, 즉 잔소리는 거의 하지 않을 정도로 최대한 줄이고 격려와 지지 등 긍정적인 언어로 이야기하도록 했다. 그 후로도 기다림과 관찰은 계속 이어졌다.

그러던 어느 날부터 아이가 특정 부분에 관심을 갖고 있다는 것이 엄마의 눈에 들어왔다. 예전 같으면 "그게 중요한 것도 아닌데 왜 궁금해?"라며 비난 섞인 말로 아이의 감정을 묵살해 버렸을 것이다. 그런데 관심을 가지고 아이를 관찰하니 아이의 진짜 모습이 눈에 들어오기 시작했다. 엄마는 아이가 관심 갖는 것에 대해 함께 궁금해하고 탐색해 보는 습관을 길들였다. 그러자 아이가 왜 그것에 관심을 가지는지 이해되었다. 유치원에서 돌아왔을 때 이것저것 질문하면 침묵하거나 "몰라"로 일관하던 아이가 먼저 말을 걸고 수다스럽게 이야기하기 시작했다. 아이의 입장에서 아이의 마음을 관찰해 읽어주고 아이가 먼저 말할 때까지 기다려주니 마음의 문이 열린 것이다.

있는 그대로의 모습으로 봐주세요

세 번째 솔루션으로 엄마가 끼고 있는 색안경을 내려놓고 원래 색깔의 모습을 관찰해 보라고 했다. 검은색 안경을 끼고 바라보면 세상이 검고 어둡게 보인다. 보라색 안경을 쓰고 보면 온 세상이 보랏빛으로 보인다. 자신이 끼고 있는 색안경을 내려놓고 원래 모습을 '제대로' 보는 것은 자신이 가지고 있는 틀에서 벗어나는 일이다.

사람은 누구나 보고 싶은 것만 보고 듣고 싶은 것만 들으려 한다. 그리고 상대방이 듣고 싶은 말보다 자신이 하고 싶은 말을 한다. 엄마가 하고 싶은 말을 조금 미루고 아이가 듣고 싶은 말을 먼저 해주는 것이 필요하다.

아이가 하고 싶은 것을 하게 해주세요

네 번째 솔루션으로 엄마가 원하는 것을 아이에게 지시하는 것이 아니라 아이가 하고 싶은 것을 엄마가 함께 해주도록 했다. 엄마가 가고 싶은 곳을 선택해 아이를 억지로 데려가는 것이 아니라 아이가 가고 싶은 곳을 아이가 직접 선택하면 엄마가 함께 가는 것이다.

그렇게 엄마와 아이가 같은 것을 보고 느끼며 아이의 시선과 감정에 집중하니 아이에게 서서히 변화가 찾아왔다. 아이에게 선택권과 자율성을 주어 직접 결정하게 하니 즐거워하고 능동적으로 움직이기 시작한 것이다. 우울해 보일 정도로 의기소침해 있던 아이의 표정이 밝아지고 활기차며 의욕적인 모습으로 변했다. 분리불안도 줄어들고 자신감 있게 유치원 생활도 잘하고 있다.

관찰과 기다림은 진실을 보여준다

나는 길을 걷다가 이름 모를 작은 들꽃들을 보면 말을 걸고 대화하는 습관이 있다. 아무리 보잘것없는 들풀도 자세히 바라보면 그리 예쁘고, 바라볼수록 어찌나 사랑스러운지 말을 걸지 않을 수가 없다. 어떤 식물이든 동물이든 사람이든 자세히 보고 관찰하면 깊이 숨어 있는 감정도 알게 되고, 미움이 가득했던 상대방도 긍휼한 마음이 생길 수 있다.

관찰과 기다림은 엄마에게만 필요한 것은 아니다. 우리 모두에게 필요한 삶의 지혜다. 남편이 아내를 지그시 관찰하면 아내의 마음이 보인다. 또한 아내가 남편을 사랑스러운 눈으로 관찰하면 남편이 짊어지고 있는 삶의 무게가 느껴진다. 자기 자랑만 늘어놓는 얄미운 친구도, 직장 동료나 선후배도 자세히 들여다보면 진짜 속마음이 보이고 이해된다. 관찰과 기다림은 돋보기처럼 원래 모습 속에 감추어져 있는 진실을 보여준다. 그래서 우리의 관계를 조금 더 부드럽게 이어주는 윤활유 역할을 한다.

현명하게 관계 맺는
대화의 기술

말은 운명을
조각하는 칼이다

죽고 사는 것은 혀의 힘에 달렸다

'말 한마디로 천 냥 빚을 갚는다'라는 속담이 있다. 입으로 뱉은 말 한마디가 사람을 살리기도 하고 죽이기도 한다. 말은 희망을 갖게 하기도 하고 절망의 구덩이에 밀어 넣기도 한다. 또한 말 한마디에 꿈을 꾸기도 하고 꿈을 포기하기도 한다. 그래서 말은 매우 힘이 있다.

초등학교 6학년 때 담임선생님이 나에게 "다음에 커서 꼭 초등학교 선생님이 되어라"라고 말씀해 주신 것을 아직도 기억하고 있다. 꿈과 희망, 인생의 목표가 아직 없던 철부지 시골 소녀가 선생님의 말씀 한마디에 처음으로 꿈을 꾸게 되었다. 그리고 열심히 공부했다. 성인이 될 때까지 내가 어떤 목표를 설정하고 그 목표를 이루기 위해 열심히 노력하는 계기가 되었다.

그와 비슷한 예가 있다. 일간지에 소개된 기사를 예로 든 목사님의 설교가 마음에 남는다. 서울의 어느 초등학교에 뇌성마비를 앓고 있는 학생의 담임선생님 이야기였다. 학기 초 수학 시간에 교사는 그 학생에게 "성공(가명)아, 나와서 칠판에 수학 문제 풀어보겠니?"라고 하자 반 학생들은 "선생님, 안 돼요. 성공이는 할 수 없어요"라고 대답했다.

그러자 선생님은 "왜 성공이는 안 된다고 생각하니?"라고 하면서 이 학생을 자기 팔로 안아서 칠판 앞에 세워주고 수학 문제를 풀게 했다. 성공이는 문제를 막힘없이 술술 다 풀었다. 그 일이 있고 나서 2학기 반장 선거에 나간 성공이는 95퍼센트라는 압도적인 지지로 반장이 되었다. 자신감을 얻은 성공이는 더 열심히 공부해서 서울에 있는 대학교에 좋은 성적으로 합격했다.

목사님은 이어 정반대 사례도 함께 말씀해 주었다. 아이에게 전적인 신뢰와 믿음을 보여준 앞의 교사와 한참 다른 교사의 이야기다. 어느 날 자신의 핸드폰을 잃어버린 담임교사는 특정 학생을 지목하고는 "네가 내 핸드폰 훔쳐갔지?"라고 다그쳤다. 지목받은 학생은 "아니에요. 저는 가져가지 않았어요"라고 대답했지만 교사는 학생의 말을 전혀 믿어주지 않았다. 그러자 그 학생은 자신의 결백을 주장하며 스스로 목숨을 끊었다. 그 이야기를 듣고 나는 큰 충격을 받았다. "죽고 사는 것이 혀의 힘에 달렸다"라고 한 솔로몬의 말이 생각났다.

이처럼 말의 힘은 강력하다. 생명을 살리는 말도 혀에서 나오고, 생명을 죽이는 말도 혀에서 나온다. 첫 번째 사례의 교사는 '넌 할 수 있어'라는 말로 학생에게 자신감을 심어주고 꿈을 향해 도전할 수 있는 용기와 자신의 인생을 설계할 수 있는 비전을 제시해주었다. 두 번째 사례의 교사는 아무런 잘못도 없는 한 학생의 인생을 송두리째 빼앗아갔다. 혀가 하는 두 가지 상반된 행위의 결과를 보면 말이 어째서 운명을 조각하는 날카로운 칼이 되는지 알 수 있다.

말하는 대로 이루어진다

스피치 코치 이민호는 《말은 운명의 조각칼이다》(천그루숲, 2019)에서 "내가 오늘 뱉은 말 한 조각은 내 인생을 보여줍니다. 깎아내고 다듬어서 제대로 조각한 한마디가 내 인생의 DNA입니다"라며 말의 중요성을 강조했다.

매사에 부정적인 말을 습관적으로 하는 여성이 있었다. 그녀에게는 아들이 한 명 있었다. 아들은 겉으로 보기에 공부도 잘하고 바르게 행동하는 모범생이었다. 주변 또래 엄마들은 그런 아들을 둔 여성을 부러워했다. 그러나 정작 엄마의 눈에는 늘 부족한 아들이었다. 그래서 엄마는 아들의 인생을 부정적인 말로 조각하는 습관을 멈추지 않았다.

초등학교 3학년 아이가 학교에 다녀오자마자 곧바로 숙제를 하지 않으면 야단을 쳤다. "네가 잘하는 게 뭐가 있니? 공부를 잘하니, 숙제를 열심히 하니, 운동을 잘하니?" 등등 온갖 잔소리를 쏟아냈다. 여기서 멈추지 않았다. "그렇게 하면 너는 대학도 못 간다. 취직도 못 한다. 그러면 장가는 갈 수 있겠냐? 그러다 네 인생 네가 망친다……."

엄마의 말은 그대로 아들의 인생을 망치고 있었다. 초등학교 시절부터 상위권으로 공부를 제법 잘했던 아들은 결국 제대로 된 대학을 가지 못했고 결혼 적령기에 들었으나 여전히 결혼하지 못하고 있었다.

이와는 반대로 두 딸을 둔 아버지가 있다. 그는 아이들이 어릴 때부터 외모와 성적이 그리 뛰어나지 않아도 늘 "예쁜 우리 딸", "성공할 우리 딸"이라며 딸들의 이름 앞에 꼭 수식어를 붙여서 불러주었다. 그 말을 듣고 자란 두 딸은 성인이 된 후 자신의 앞길을 스스로 설계하고 개척해 전문인의 길을 걸어가고 있다. 이렇듯 말에는 정말 큰 힘이 있다. 그래서 말은 곧 하는 대로 이루어진다고 한다.

"너라면 할 수 있을 거야"

가수 강산에가 부른 〈넌 할 수 있어〉라는 노래의 가사를 내 삶이나 상담 현장에서 자주 적용하곤 한다. "너라면 할 수 있을 거야. 할 수가 있어. 그게 바로 너야. 굴하지 않는 보석 같은 마음 있으니 어려워 마. 두려워 마."

가사 내용은 사람들에게 용기와 희망을 주고 다시 꿈을 꾸게 하며 낮은 자존감을 되살린다. 살다 보면 모든 것이 무너져 내리는 것 같은 절망적인 순간이 있다. 그래서 삶을 놓아버리고 싶은 순간 말이다. 아무 희망도 없고 힘든 순간에 노래 가사처럼 말해준다면 다시 한 번 더 힘을 내어 일어설 수 있지 않을까?

실제로 젊은 시절 비수를 꽂은 지인의 말에 크게 낙심해서 용기를 잃고 절망의 터널을 걷고 있을 때 친한 친구가 건넨 격려의 말에 큰 위로를 받고 힘을 냈던 기억이 있다. "지금까지 잘 살았으니 넌 반드시 잘될 거야. 앞으로는 더 좋은 일만 있을 거야." 누구나 할 수 있는 말들이 힘든 그 순간에는 내 마음속 깊이 울림으로 느껴졌다. 이내 그 말들은 다시금 힘을 낼 수 있는 원천이 되었다. 그 후 내가 나에게 말하기 시작했다.

"그래, 할 수 있어. 할 수 있을 거야. 난 지금부터 다시 공부할 거야. 대학원도 갈 거야. 그리고 많은 사람들 앞에서 강의도 할 거야. 그래서 보란 듯이 성공할 거야." 그 말은 정말 내 운명을 조각하는 칼이 되었다. 그 말 그대로 이루어졌으니 말이다.

부정적인 생각이 멈추지 않는다면

다른 사람들뿐 아니라 나 자신의 경험으로도 알 수 있듯이 말의 중요성은 아무리 강조해도 지나치지 않다. 그러나 말의 중요성을 알면서도 정작 말을 잘하거나 좋은 말만 하기는 쉽지 않다. 긍정적인 말을 해야 한다는 것을 알지만 습관적으로 부정적인 생각과 말이 먼저 나온다. 그 부정적인 말이 타인들에게 평생 지울 수 없는 상처를 준다.

그렇다면 만약에 부정적인 생각이 멈춰지지 않거나 부정적인 말을 반복하고 있을 때 어떻게 해야 할까? 먼저 자신이 부정적인 말과 생각을 반복하고 있다는 사실을 깨달아야 한다. 그리고 손목에 노란 고무밴드를 끼고 다니면서 자신이 부정적인 말이나 생각을 하고 있다는 것을 느낄 때마다 스스로 노란 고무밴드를 잡아 조금 세게 튕긴다. 약간의 통증을 통해 자신의 말 습관을 수정하는 방법이다.

영국 총리를 지낸 마거릿 대처(Margaret Hilda Thatcher)는 이런 명언을 남겼다.

생각을 조심하라. 그것이 너의 말이 된다.
말을 조심하라. 그것이 너의 행동이 된다.
행동을 조심하라. 그것이 너의 습관이 된다.
습관을 조심하라. 그것이 너의 인격이 된다.
인격을 조심하라. 그것이 너의 운명이 되리라.

말 한마디로 천 냥 빚을 갚을 수 있기를 바란다. 자신뿐 아니라 타인의 인생에 아름다운 꿈과 소망을 심어주기를 바란다. 삶에 지쳐 포기하고 싶은 사람들에게 격려와 용기를 주고 꿈이 없는 아이들이 꿈을 꿀 수 있게 하기를 바란다. 좀 더 살 만한 세상, 더 살아보고 싶은 세상, 꿈이 이루어지는 세상, 여전히 아름다운 세상을 살아갈 수 있는 선한 가치를 가르쳐주기를 바란다.

경청은
최고의 대화 기술

상대를 알고 싶다면

데일 카네기의 《인간관계론》(느낌이 있는 책, 2010)에는 다음과 같은 내용이 나온다.

매년 여름이 되면 나는 메인주로 낚시 여행을 간다. 개인적인 얘기를 하면, 나는 딸기 빙수를 좋아하는데 물고기는 왜 그런지 벌레를 좋아한다. 그래서 낚시를 갈 때는 내가 좋아하는 것에 대해 생각하지 않고 물고기가 좋아하는 것만을 생각한다. 딸기 빙수를 낚시 미끼로 사용하지 않는다. 지렁이나 메뚜기를 매달아놓고 '하나 잡숴보시지요' 하는 것이다. 사람을 낚을 때도 낚시의 상식을 그대로 이용하면 될 것이 아닌가?

'내가 좋아하는 것보다 상대가 어떤 것에 관심을 가지는지 알아야 좋은 관계를 맺을 수 있다'는 것이다. 그러나 우리는 어떤 것을 얻고자 할 때, 자신이 좋아하는 것에 더 집중하는 경우가 종종 있다. 상대방을 잘 관찰하고 그 사람의 이야기를 잘 들어보면 그 사람에 대해 잘 알 수 있다. 상대방의 이야기를 잘 듣는 것이 경청이다. 경청은 다른 사람들과 관계를 맺는 데 있어서 가장 중요한 기술이다.

우리는 왜 경청하는가

경청을 잘하면 어떠한 점이 좋을까? 《당신도 화술의 달인이 될 수 있다》(책이 있는 마을, 2002)에서 윤치영 저자는 화술의 달인이 되기 위해 가장 좋은 방법은 먼저 상대방의 이야기에 귀 기울이는 것이라고 했다. 그리고 경청에는 세 가지 장점이 있다고 언급했는데 바로 상대방 마음의 문이 열리고, 호감이 생기며, 부정적인 감정이 감소된다고 한다.

나도 많은 상담을 하면서 경청이 얼마나 중요한지 몸소 실감했다. 우선 경청을 잘하면 상대방 마음의 문이 열린다는 의미는 속마음을 털어놓기 쉬워지고 마음의 거리가 가까워져서 서로 간에 친밀감이 쌓인다는 의미다.

남성들은 자기를 웃게 하는 여성보다 자기의 말에 웃어주는 여성을 더 좋아한다. 자신의 말을 잘 듣고 있다는 반응이기 때문이다. 남성들이 가장 좋아하는 여성은 자기의 이야기를 잘 들어주는 여성인 것이다. 꼭 남성들만의 이야기는 아니다. 대부분의 사람들은 적절한 반응을 보이면서 이야기를 잘 들어주는 상대에게 호감을 갖는다. 자기의 이야기를 잘 들어주면 자신이 이해받고 존중받는 느낌이 들기 때문이다.

자신의 이야기를 잘 들어주면 슬픔, 분노, 상처, 아픔 등의 부정적인 감정이 많이 줄어든다. 상담실을 찾는 대부분의 사람들은 부정적인 감정을 호소하러 내방한다. 어느 누구에게도 말할 수 없는 마음의 상처를 털어내기 위함이다. 상담자는 온몸으로 공감하며 경청한다. 그러면 내담자들은 부정적인 감정을 모두 쏟아낸다. 그동안 참아왔던 눈물을 흘리며 큰 소리로 울기도 하고 분하고 상처받은 마음을 토해낸다. 그렇게 모든 것을 이야기하고 난 후 자신을 돌아보고 어떻게 해야 하는지 생각한다. 상담을 마치고 돌아가는 길에 어린아이부터 어른들까지 모두 '속이 후련하다'는 이야기를 많이 한다. 부정적인 감정을 덜어냈기 때문이다.

경청을 잘하는 다섯 가지 방법

경청을 잘하려면 어떠한 방법(기술)이 있는지 알아보자. 경청이 중요하다는 것은 어제오늘의 이야기가 아니다. 그런데 왜 여전히 많은 상담가와 전문가들이 '경청'의 중요성을 이야기하는 것일까? 남의 말을 잘 듣는 일이 생각만큼 쉽지 않기 때문이다.

실제 여러 사람들이 모인 자리에 가면 남의 말을 성심성의껏 듣는 사람들을 만나기가 힘들다. 모임의 주도권을 잡기 위해 자기 혼자 떠드는 사람들이 더 많다. 그만큼 경청이라는 행위가 머리로는 이해해도 실제로는 실천하기가 매우 어려운 '난제'임을 증명하는 것이다.

그렇다면 의도적으로라도 경청을 잘하기 위해서는 어떻게 해야 할까? 내가 꼽은 경청을 잘하는 방법은 다음과 같다.

상대의 말을 주의집중해서 듣기

상대방이 이야기하는 중간에 끼어들거나 말을 자르지 않고 끝까지 듣는다. 대화하다 보면 상대방의 말이 끝나기도 전에 말을 자르며 자기가 하고 싶은 말을 하는 사람들이 종종 있다. 가정에서는 아이가 말하고 있을 때 부모님이 "알았으니까 그만해" 하면서 중간에 말을 자르는 경우, 직장에서 상사가 부하직원의 이야기를 다 듣지 않고 "그래서 결론은 뭔데?", "그럼 앞으로 계획은?" 하면서 중간에 말을 자르는 경우가 의외로 많다. 친구들과 대화할 때나 모임에서 다른 사람의 이야기를 끝까지 듣지 않고 중간에 끼어들어 이야기하는 사람들이 많다. 그러한 경우 말하는 사람은 이야기의 맥락을 놓치고 기분이 나빠져서 더 이상 말하고 싶지 않게 된다. 다른 사람의 말을 끝까지 들어준다는 것은 참 어려운 일이다. 그러나 끝까지 들어주는 자세야말로 경청의 기본이다.

개인적인 생각으로 평가하거나 판단하지 않고 상대방이 말하고자 하는 요지를 잘 파악하면서 듣는다. 9세와 7세의 형제가 있다. 형제는 자주 싸운다. 형의 이야기에 의하면 싸움의 원인은 대부분 동생이다. 형이 하는 것을 동생이 방해해서 화나게 만든다는 것이다. 형이 장난감을 가지고 놀고 있으면 동생은 자기가 가지고 놀던 것은 버리고 형이 가지고 있는 것을 빼앗는다. 그래서 다시 찾아오려고 하다가 싸움이 벌어지곤 한다. 참지 못하고 주먹으로 동생을 한 대 때릴 때 하필 엄마가 본다. 형은 처음부터 싸우게 된 동기와 동생을 때리게 된 이유를 설명한다. 그러나 엄마는 형의 말을 잘 듣지 않고 자신이 본 장면만 가지고 일방적으로 판단하고는 '형이 동생을 보호해줘야지, 동생을 때리면 되냐?'고 꾸중한다.

형은 동생이 잘못해서 싸웠는데 자기만 혼나니 억울하다고 하소연한다. 그러면 엄마는 아이의 감정을 읽거나 이야기를 들어주지 않고 '네가 잘못했으니까 혼나는 거야'라며 더 꾸중하고 '다음에는 동생 때리지 마!' 하며 훈계한다. 그래서 형은 늘 억울하고 속상하다. 두 형제의 사례처럼 사실을 이야기하는데도 듣지 않고 엄마의 생각과 판단으로 아이를 꾸중하는 경우를 심심치 않게 볼 수 있다.

적극적이라는 것은 듣는 사람이 말하는 사람에게 보여주는 반응을 말한다. 예를 들어 마주 보고 앉아서 몸은 상대방을 향해 약간 기울이고 눈을 맞춰주는 것이 적극적으로 듣는 태도다. 이때 고개를 끄덕이며 잘 이해하고 있다는 신호를 보낸다. '응', '아, 그랬구나', '속상했겠네' 등과 같이 추임새를 넣으면 더 좋다. 재미있는 이야기를 하면 웃어주기도 하고 슬픈 이야기를 하면 슬픈 표정을 짓기도 하면서 말이다. 재미있는 예능 프로그램을 보면서 혼자 깔깔 웃어본 적 있는가? 또한 슬픈 드라마를 보면서 눈물 흘려본 적 있는가? 누군가 이야기할 때 그러한 반응을 해주면 상대방은 기분이 좋아서 더 편안한 마음으로 이야기할 수 있다.

질문하면서 듣기

자신이 이해되지 않는 부분이 있으면 물어보고 제대로 이해하면서 듣는다. 상대방의 이야기를 잘못 이해해 오해하는 일이 없도록 질문하면서 듣는 자세가 필요하다. 질문을 통해 상대의 이야기를 정확하게 이해하는 것은 경청의 매우 좋은 자세다. 또한 질문한다는 것은 상대방의 이야기를 잘 듣고 있다는 뜻이므로 서로 간에 신뢰를 쌓을 수 있다.

'그래서 어떻게 됐어?', '그때, 네 생각은 어땠어?', '지금은 마음이 좀 편안해졌니?', '그러니까 너는 이런 말을 하고 싶은 거지?' 등과 같이 질문하면서 듣는 습관을 들여야 한다.

어느 초등학교 4학년 남학생의 경험이다. 체격이 또래 아이들보다 훨씬 크고 힘도 센 아이는 성격도 매우 활발해서 친구들과 함께 신나게 뛰어노는 것을 좋아한다. 감정도 행동으로 적극 표현하다 보니 본의 아니게 오해받는 경우도 많다. 밖에서 신나게 놀다가 살짝만 밀어도 체격이 작은 아이는 멀리 나가떨어지는 경우가 종종 있다. 이러한 일들이 반복되다 보니 반에서 무슨 일이 일어나면 담임선생님은 아이에게 단정적으로 물어본다. 선입견에 사로잡힌 선생님은 "어떻게 된 거니?"라고 확인하지 않고 곧장 아이를 불러서 "이번에도 네가 그랬지?"라고 묻는다. 그러면 상대방은 지울 수 없는 큰 상처를 받는다. 선입견을 버리고 주의 집중해서 적극적으로 질문하면서 듣는 것이 좋은 경청의 자세다.

경청은 '온몸'으로 듣는 것

미국의 심리학자 앨버트 메라비언(Albert Mehrabian)은 커뮤니케이션 이론에서 시각과 청각, 언어의 비율을 발표했다. 한 사람이 다른 사람에게 어떤 의사를 전달할 때의 효과가 시각은 55퍼센트, 청각은 38퍼센트, 언어는 7퍼센트라고 했다. 이것을 그의 이름을 따서 메라비언의 법칙(The Law of Mehrabian)이라고 부른다.

그의 이론에 의하면, 표정, 태도, 몸짓, 손짓, 제스처 등과 같은 시각적 요소는 55퍼센트, 말투, 억양, 목소리 톤, 말의 빠르기와 같은 청각적 요소는 38퍼센트 영향을 미친다. 시각과 청각의 비율을 합치면 93퍼센트다. 시각과 청각적 요소를 비언어적 메시지라고 한다. 말로 하는 언어적 메시지는 단 7퍼센트밖에 전달되지 않는다.

말로 하는 것보다 비언어적 메시지의 전달 효과가 훨씬 더 크다는 것을 알 수 있다. 상대방을 무시하거나 경멸하는 태도로 쳐다보며 말한다면, 또는 상대가 아닌 전혀 다른 곳을 쳐다보며 딴짓을 한다면 마음만 상할 뿐 더 이상 대화를 나누고 싶지 않을 것이다. 이와 같이 경청은 귀로만 듣는 것이 아니라 온몸으로 듣는 것이다.

경청은 상처를 치유하는 힘이 있다

"누군가 진정으로 자기 말을 들어주고 있다는 것 자체만으로 눈부신 치료 효과를 낸다"라고 미국의 정신과 의사 모건 스콧 펙(Morgan Scott Peck)은 말했다. 누군가 나의 이야기를 진심으로 귀 기울여 들어준다면 큰 위로가 될 것이다. 상담실에 오는 대부분의 사람들은 자신의 말을 진정으로 들어주기를 원한다. 우리 모두는 누군가 자신의 이야기에 귀 기울이고 공감해 주는 것만으로도 스스로 치유할 수 있다.

실수는 '당당하게!' 인정하라

정중한 사과의 효과

셋째 아이를 임신하고 막달이 되어갈 때의 일이다. 의정부에 볼 일이 있어서 초행길을 운전해서 가고 있었다. 목적지로 가던 중 유턴을 해야 하는데 유턴 신호가 나오지 않았다. 왕복 2차선 좁은 도로였다. 한참 후 유턴 신호가 없는 사거리가 나왔는데, 앞에 가던 차 세 대가 유턴하기에 나도 따라서 유턴했다. 그런데 유턴하자 마자 하필 앞에 경찰이 서 있었다. 경찰은 내 차를 보더니 한쪽으로 비켜 세우라는 신호를 했다. 나는 차를 한쪽에 세우고 바로 내려서 재빨리 "선생님, 죄송합니다. 제가 유턴 신호를 찾고 있었는데 도무지 안 나와서 앞차들을 따라 그냥 유턴했습니다" 하며 90도로 정중하게 인사했다.

마음속으로는 '앞에 유턴한 차들은 잡지 않고 왜 나만 잡느냐'

고 항의하고 싶었다. 그러나 꾹 참고 내 잘못을 인정했다. 그러자 경찰은 남산만 한 내 배를 보더니(한여름이어서 임신한 것을 금방 알 수 있었다) 말했다. "만삭이신데 조심하셔야지요. 원래 불법 유턴은 중앙선 침범으로 범칙금과 벌점이 있습니다. 그러나 잘 몰라서 얼떨결에 하신 것 같으니 1만 원 스티커 1장만 발부하겠습니다. 다음부터는 반드시 유턴 신호를 확인하시고요." 이때 나는 정중한 사과가 사람의 마음을 움직이는 힘이 있음을 경험했다.

사과 한마디만 했어도

타인의 실수로 매우 황당하고 크게 화난 경험도 있다. 약 15년 전쯤 남편과 함께 병원에 건강검진 예약을 했다. 한 달 전에 예약하고 하루 전날 한 번 더 확인했다. 전날 저녁부터 금식하고 남편은 회사에 휴가를 내어 당일 아침 일찍 병원에 도착했다. 그런데 접수처 직원이 나는 예약이 되었으나 남편은 예약이 안 되어 당일 검진을 할 수 없다고 했다. 나는 어제 오후에 예약 상황을 확인했으니 다시 한 번 확인해 달라고 요청했다. 그런데 직원은 예약되지 않았으니 검사할 수 없다는 말만 반복했다.

나는 담당자에게 "병원에서 실수했는데 미안하다는 사과 한마디 없이 어떻게 그냥 집으로 가라고 할 수 있느냐, 사과 먼저 하고 확인하는 것이 순서 아니냐'라며 항의했다. 그래도 직원의 태도는 변하지 않았다. 사과는커녕 검사할 수 없다는 말만 반복했다.

나는 물러서지 않고 계속 요구해 결국 남편도 건강검진을 받았지만, 그 후로 그 병원은 더 이상 이용하지 않는다. '미안하다는 사과 한마디면 내 마음이 금방 풀렸을 텐데' 하는 아쉬움이 지금도 남아 있다. 어느새 그 병원과 관계 정리를 해버렸다. 사과 한마디만 했다면 아직도 그 병원의 고객으로 남아 있을 것이다.

빠른 사과가 큰일을 막는다

잘못이나 실수 한번 안 하고 사는 사람은 없을 것이다. 완벽한 사람은 단 한 사람도 없다. 원숭이도 나무에서 떨어지는 날이 있기 마련이다. 때로는 내 잘못으로 상대가 크게 불편을 겪거나 곤란한 지경에 빠지는 수도 있다. 그런데 실수한 후 어떻게 하느냐에 따라 상대의 감정은 크게 달라진다. 빨리 실수를 인정하고 사과한다면 관계가 틀어지거나 큰일로 번지는 일은 막을 수 있다. 살면서 불거지는 관계의 단절은 어찌 보면 자신의 잘못을 인정하지 않고 사과할 줄 모르는 태도에서 비롯된다. 사과는 관계를 끈끈하게 이어준다. 사과에는 진실한 마음이 담겨 있기 때문이다.

내 실수로 다른 사람을 난감한 상황에 이끌고 화가 나게 한 적이 있다. 상담센터 내 인테리어 공사로 약 5일간 휴관했을 때였다. 추운 겨울이었다. 모든 내담자들에게 단체 문자로 휴관 안내를 하고 공사를 진행했다. 공사 3일째 되는 날 오후에 한 내담자가 초등학교 2학년 아이를 데리고 센터에 들어왔다. "어? 오늘 수업 없어요?" 나는 무척 당황했다. 지난주에 첫 수업을 한 신규 내담자였는데 문자를 받지 못하고 내방한 것이다. 단체 문자 명단에 깜박 잊고 입력하지 않아 누락된 것이었다. 내담자는 "이런 일이 있으면 미리 연락했어야죠. 어떻게 이럴 수가 있어요?"라며 크게 화를 냈다.

나는 진심으로 허리를 숙여서 "정말정말 죄송합니다. 제가 실수했습니다. 정말 죄송합니다. 진심으로 사과드립니다"라며 솔직하게 인정하고 온 마음을 다해 사과를 거듭했다. 그러자 분노에 찼던 내담자는 감정을 삭이며 참는 듯했다. 한참 후에 "실수한 것은 화가 나지만 진심으로 사과하니 받아들이겠습니다" 하며 화를 풀었다.

진심은 사람의 마음을 여는 열쇠다. 딱딱하고 차가운 얼음처럼 굳었던 마음이 서서히 소프트아이스크림처럼 부드러워진다. 그 후로 나에 대한 신뢰는 높아졌고 관계는 훨씬 더 좋아졌다. 실수를 인정해서 신뢰를 얻었다. 그 내담자는 내가 실수했다는 사실로 나를 무시하거나 나약한 존재로 보지 않고 오히려 어려움을 호소하고 도움을 요청하면서 신뢰하는 관계로 발전하게 되었다.

왜 실수를 인정하기 어려울까

곽병선 칼럼니스트는 〈열린뉴스통신〉 2021년 2월 17일자 칼럼에서 "성공하는 사람과 실패하는 사람의 차이는 '실수를 반복하느냐'의 여부"라고 썼다. 그는 오하이오 주립대학교의 연구 논문을 예로 들면서 사람들은 "'내가 실수했어'라고 말하는 것보다는 '화나게 해서 미안해'라고 말하기가 더 쉽다"라고 하면서 이는 "자신의 잘못을 인정하고 그에 대한 책임을 지는 것이 아니라 상대방을 정서적으로 자극하지 않으려는 의도"라고 말했다. 자신의 실수를 인정하느니 상대의 마음을 다독이는 길을 택한다는 것이다.

그렇다면 사람들은 왜 실수를 인정하지 않으려고 하는 것일까? 실수를 인정하는 순간 자신이 나약해 보인다고 생각하기 때문이다. 자존감이 높을수록 진심 어린 사과를 할 수 있다. 자존감이 낮은 사람은 실수를 인정하고 사과하면 자신을 무시하고 비난할까 봐 불안해한다. 그래서 자신을 보호하기 위해 변명하거나 오히려 화를 낸다. 실수를 인정한다고 해서 절대 나약한 사람이 되는 것이 아님을 기억하자. 오히려 자신의 실수를 인정하고 사과함으로써 더 당당해지고 더욱 성장한다.

올바르게 사과하는 방법

실수를 즉시 인정했다면 올바른 사과를 해야 관계가 돈독해진다. 어떻게 하면 올바르게 사과할 수 있을까? 사과하는 데도 공식이 있다.

첫째, 인정하기. 자신이 잘못한 일이나 실수한 사실을 인지하고 곧바로 상대방에게 인정한다.

둘째, 사과하기. 인정했다면 곧바로 자신의 잘못을 사과한다.

셋째, 약속하기. 잘못을 인정하고 사과했다면 다음번에는 같은 일이 반복되지 않도록 약속한다. 또다시 동일한 잘못을 반복한다면 의미 없는 사과가 된다.

매일 10분 정도 지각하는 직장인이 있다. 그 직원은 늘 "차가 왜 그렇게 밀리는지 아침마다 짜증 나 죽겠어요"라고 말하면서 들어온다. 지각한 이유를 도로에 차가 많아서라고 변명한다. 자신을 보호하려는 방어기제를 사용하는 것이다. 그러나 변명은 절대 자신을 보호해 주지 않는다. 오히려 자신의 잘못을 크게 확대시킬 뿐이다. '차가 밀려서 고생했겠다'며 한 번은 이해할 수 있지만 매일 습관적으로 반복되면 핑계만 대는 게으른 사람으로 여길 뿐이다.

지각했을 때 앞의 공식대로 이야기해 보자.

"제가 늦잠을 잤습니다. 늦어서 죄송합니다. 다음부터 지각하지 않도록 주의하겠습니다."

자신의 잘못을 인정하고 사과한 다음 앞으로는 그러지 않겠다고 약속하면 상대는 충분히 이해해줄 것이다.

아이가 잘못했을 때 엄마는 아이에게 이유를 묻지 않고 버럭 화부터 내는 경우가 많다. 그럴 때 엄마도 아이에게 사과해야 한다. "엄마가 화부터 내서 미안해. 다음부터 화내기 전에 네 이야기를 먼저 들어줄게." 그러면 아이는 이전보다 더 엄마를 신뢰하고 엄마의 말을 잘 들을 것이다.

　잘못했을 때는 마음과 진심을 다해 사과해야 한다. 어떤 관계에서도 마찬가지다. 아랫사람이 윗사람에게, 윗사람이 아랫사람에게 잘못했을 때 직위 여하를 막론하고 사과하자. 부모가 아이에게, 부부끼리는 서로가 서로에게, 직장 상사는 부하직원에게, 사장님도 직원에게 잘못한 것이 있으면 사과해야 한다. 실수는 즉각적으로 인정하자. 그것이 당당하게 관계를 살리는 태도이다.

앵무새처럼
대화하자

말만 따라 했을 뿐인데

상담센터에서 있었던 일이다. 9세 여자아이인 초록(가명)이가 치료실에서 수업하는 내내 울었다. 수업 종료 후 치료실 밖에 나와서도 아이의 울음은 그치지 않았다. 나는 아이에게 다가가서 안고 등을 어루만져주었다. 그러자 아이는 한참을 더 울더니 이내 입을 열기 시작했다.

그때 나눈 대화 내용은 다음과 같다.

상담사 초록이 많이 힘들었나 보구나. 뭐가 그렇게 힘들었는
       지 말해줄 수 있어?
초록   선생님, 저는 공부가 싫어요.
상담사 그래, 초록이는 공부가 싫구나.

초록　수학 공부가 너무 어려워요.

상담사　그렇구나. 수학 공부가 어렵구나.

초록　네.

상담사　근데 사실 선생님도 수학 공부는 어렵단다.

초록　정말요? 정말 선생님도 수학 공부가 어려워요?

상담사　그럼. 선생님만 어려운 것이 아니고 대부분의 사람들이 수학 공부는 어렵다고 생각해.

초록　그렇구나. 다른 사람들도 수학 공부가 어렵구나.

상담사　그럼. 어렵고 힘들지만 참고 하는 거야.

초록　그렇구나.

초록이는 고개를 끄덕끄덕하면서 울음을 그쳤다.

상담사　오늘 공부하느라 너무 힘들었는데 엄마한테 저녁에 맛있는 거 해달라고 할까? 뭐 먹고 싶어?

초록　김치부침개요. 저는 김치부침개를 제일 좋아해요.

상담사　아하! 초록이는 김치부침개를 좋아하는구나.

이런 식의 대화가 몇 분간 이어지자 아이는 스스로 상황을 이해하며 자신의 생각을 정리하기 시작했다.

초록　그런데요, 선생님! 공부는 힘들지만 그래도 '할 수 있다' 생각하고 잘 참고 해야 돼요.

상담사 아, 그렇구나! 공부는 힘들지만 그래도 '할 수 있다' 생각하고 잘 참고 하면 되는 거구나!

초록 네, 초록이도 '할 수 있다' 생각하고 잘 참고 다시 공부할 거예요.

울음에 대한 비난이나 평가, 대처 방법이나 어른이 바라는 정답은 전혀 이야기하지 않았다. 처음부터 끝까지 아이의 말을 그대로 앵무새처럼 따라 하는 대화법을 사용했다. 그렇게 아이의 마음을 읽어주고 감정을 수용하고 공감해 주었을 뿐인데 아이의 감정은 어느새 진정되었고 스스로 상황을 이해하며 답을 찾아갔다.

부모와 자녀 간에 소통이 잘되지 않아 갈등을 일으키는 원인을 잘 들여다보면 부모가 아이의 말을 잘 들으려 하지 않고 부모가 하고자 하는 말을 전달하는 방식으로 이야기하는 경우가 많다. 아이는 아이의 말을 하고 부모는 부모 자신의 말만 한다. 그 결과 아이는 엄마 아빠가 내 마음을 모른다 하고, 부모는 아이가 말을 듣지 않는다고 한다.

앞의 대화 내용처럼 아이가 하는 말을 따라 하기만 해도 아이는 놀라울 정도로 스스로 마음을 가다듬고 상황을 정리할 수 있다.

화병은 시동생 탓이 아닌 남편 탓

시동생에게 큰 상처를 받은 40대 중년 여성이 찾아왔다. 그녀는 결혼하면서부터 열 살 정도 어린 시동생을 데리고 함께 살았다. 어쩔 때는 자기 친동생보다 더 잘 보살펴주었다고 한다. 그런데 어느 날 시동생이 생각지도 못한 말과 행동으로 형수를 공격했다. 그녀는 너무 갑작스럽기도 하고 아무 근거도 없이 오해를 하고 있던 터라 당황스러우면서도 억울했다.

얼마나 충격이 컸는지 그날 이후 잠을 자다가도 벌떡 일어나는 일이 잦았다. 한밤중에 "가슴이 두 쪽으로 쪼개지는 것처럼 아파서" 가슴을 움켜쥐고 엉엉 울면서 남편한테 하소연했다. 그런데 남편의 반응은 고통을 더 부채질했다. "그까짓 것 하나 이겨내지 못하고 왜 그렇게 힘들어하느냐"라며 되레 아내를 나무랐다.

남편이 의외의 말을 던지자 그녀는 더욱 황당하고 가슴이 더 찢어지는 듯했다. 남편에게 따뜻한 위로의 말을 듣고 싶었는데 오히려 더 큰 상처를 받고 결국 화병이 나고 말았다.

이 여성이 화병이 난 진짜 이유는 시동생 때문이 아니다. 바로 자신의 마음을 알아주고 이해해 주고 위로의 말을 해주기를 간절히 기대했던 남편 때문이었다. 남편이 "그래, 당신 가슴이 두 쪽으로 쪼개지는 것처럼 아프구나!"라고 등을 쓰다듬으며 한마디만 해주었더라면 이 여성은 상처받았을지언정 적어도 화병까지 나지는 않았을 것이다. 가장 가까운 관계인 남편이 자신의 마음을 이해해주기만 했어도, 공감하는 말 한마디만 해주었어도 상처는 저절로 치유되었을 것이다.

여성이 원하는 것은 자신에게 박힌 돌덩이 같은 상처를 빼내 달라는 것이 아니다. 치밀어 오르는 분노의 감정을 없애달라는 것도 아니다. 쪼개지는 것처럼 아픈 가슴을 낫게 해달라는 것이 아니다. 문제를 해결해 주거나 위로의 말을 해달라는 것이 아니라, 단지 마음이 그만큼 아프다는 것을 호소하고 싶었을 뿐이다. 남편은 아내의 이야기를 들어주고 '그렇구나!'라고만 해주었어도 될 일이었다.

'그렇구나'만 해주어도 충분하다

남편과 함께 부부 상담을 진행했다. 서로 마주 보고 앉아 무릎을 맞대고 두 손을 잡고 한참을 서로 바라보게 했다. 그러자 여성의 눈에 눈물이 고여 주르륵 흐르기 시작하더니 마침내 펑펑 울음을 터뜨렸다. 울음이 그칠 즈음 여성에게 힘들었던 마음을 처음부터 이야기해 보라고 했다. 남편에게는 계속 아내의 눈을 바라보며 "그랬구나! 당신이 그렇게 힘들었구나!"라는 말만 하라고 요청했다. 그러자 여성은 마음이 진정되더니 감정을 누그러뜨리기 시작했다.

남편에게 집으로 돌아가서도 아내가 하는 말을 그대로 따라 하며 뒷부분에 '~구나!'만 붙여 대답하라고 했다. 2~3개월이 지나자 아내의 가슴앓이는 훨씬 줄어들었고 잠도 충분히 잔다고 했다. 남편도 아내와 긍정적인 대화를 하는 습관을 들이려고 노력했다.

따라 하면 호감과 존중은 덤

때로는 자기 마음도 잘 모르는 경우가 허다한데 타인의 마음을 한 번에 이해하기는 쉽지 않다. 그러한 경우에 앵무새처럼 따라 하면 상대방은 자신의 마음을 알아주는 것 같고 자신을 인정해 주는 것 같아 마음이 열리면서 작은 상처들은 치유되기도 한다. 앵무새처럼 따라 하는 대화법을 '앵무새 대화법' 또는 '흉내 내다'라는 영어 단어를 따서 '미믹(mimic) 대화법'이라고 한다.

이 대화법은 부모 자녀나 부부 간의 대화뿐 아니라 모든 경우에 적용 가능하다. 실제로 비즈니스 현장이나 직장 내 회의 시간에도 유용하게 사용된다. 세일즈맨이 자신의 상품을 판매해야 하는 경우에도 유용하게 활용할 수 있는 꿀팁이다. 고객이 '필요 없다'고 거절하는 경우 판매에만 목적을 두고 상품 이야기만 계속하면 다음에도 거절하기 쉽다. 그러나 고객의 말을 앵무새처럼 그대로 따라 하는 화법으로 대하면 고객은 자신의 말을 경청하고 있다는 사실에 감동하고 진정성을 느껴서 마음을 열게 된다.

아이가 "엄마, 나 오늘 숙제하기 싫어" 하면 대부분의 엄마는 "왜 숙제가 하기 싫어?" 또는 "숙제를 안 하면 어쩌니?"라고 반응한다. 그럴 때는 "그래, 숙제하기 싫구나!"라고 먼저 반응해 주고 나서 "숙제는 하기 싫어도 해야 하는 거야"라고 하면 된다.

친구들과 대화하거나 모임을 하는 자리에서 상대방이 하는 말에 반박하거나 곧바로 다른 의견을 내세우기보다 먼저 상대방의 말을 그대로 받아 따라 하면 상대방은 마치 존중받는 느낌이 들어 호감을 갖게 된다.

지시하는 언어 말고
권유하는 언어를 쓰자

말은 사람과 사람을 이어주는 연결고리

우리는 언제 어디서든 말로 소통하며 관계를 이어간다. 말은 사람과 사람을 이어주는 연결고리 역할을 한다. 《명심보감(明心寶鑑)》에 "사람을 이롭게 하는 말은 따뜻하기가 솜과 같고, 사람을 상하게 하는 말은 가시와 같다"는 말이 있다. 사람은 말로 위로받기도 하지만 말로 상처받기도 한다. 또한 한마디 말로 사람을 살리기도 하고 죽이기도 한다.

그런가 하면 말은 나의 생각과 감정과 의지를 전하는 도구이다. 다른 사람과 좋은 관계를 잘 유지하기 위해 무엇보다 중요한 것이 말이다. 그러나 일상생활에서 우리는 말의 중요성을 잊어버리고 자신의 생각과 감정대로 여과 없이 표현한다. 특히 부모가 자녀에게 솜과 같이 따뜻한 말보다 가시처럼 마음을 찌르는 표현을 많이 한다. 부모들은 아침에 눈뜨면서부터 자녀들을 잘 가르치겠다는 마음으로 하루를 시작하지만, 실상은 입만 열면 잔소리가 된다. 그 잔소리에 마음이 상한 자녀들은 결국 마음을 닫아버린다. 부모들의 말을 들어보면 대부분 지시어 또는 명령어다. "얼른 손 씻고 밥 먹어", "공부나 해", "빨리 학원 가", "숙제해", "핸드폰 그만 해" 등등.

"문제는 부모에게 있습니다"

7세 된 H는 유치원에서 매우 공격적인 행동으로 또래 친구들을 괴롭힌다. 선생님 말씀은 듣지 않고 오히려 반항하며 자기 마음대로 행동하는 문제로 엄마와 함께 상담실을 찾아왔다. 유치원에서 수업시간에 선생님 말씀을 듣지 않고 자기 마음대로 교실과 주변을 왔다 갔다 하고, 그것에 대해 주의를 주면 짜증 내거나 난폭한 행동과 말을 한다는 것이다. 아이의 행동에만 초점을 두고 보면 ADHD가 아닐까 하는 의구심을 가질 여지가 많았다.

H의 부모는 유치원에서 아이의 문제행동에 대한 선생님의 피드백을 받고는 아들에게 문제가 있으니 상담이 필요하다고 생각했다. 그러나 아이에 대한 선입견을 배제하고 부모 상담을 함께 진행하면서 아이의 문제행동은 부모에게서 출발했음을 발견했다.

H는 의욕이 매우 많고 호기심이 큰 아이였다. 하고 싶은 것도 많고 궁금한 것도 많았다. 아버지는 매우 가부장적이고 권위적

이었지만 아이의 행동에 대해서는 지나치게 관대했다. '원래 어릴 때는 실수도 하고 말썽도 부리면서 자라니 좀 기다려보자'라는 생각이었다. 반면 어머니는 규율을 엄격하게 지키고 강압적이며 매우 통제적이었다. 작은 실수도 절대 용납하지 않았고, '숙제는 하기 싫어도 반드시 해야만 돼'라는 생각이 지배적이었다. 게임하는 시간을 하루 30분으로 정하면 1분도 초과하는 것을 허용하지 않았다.

아이의 입장이 아니라 엄마의 입장과 엄마가 원하는 일상의 루틴을 매우 중요시했다. 게다가 엄마의 말은 매우 빠르고 톤이 높아서 보통의 말을 해도 위협적으로 느껴지고 꾸중을 듣는 느낌이 들었다. 더구나 엄마의 말투는 대부분 명령어나 지시어들이었다. 엄마가 퇴근해서 아이와 만나면 엄마 역할이 아니라 숙제 검사부터 하는 확인자 역할에 더 충실했다.

H의 엄마는 나쁜 엄마일까

여기까지만 들어보면 매우 나쁜 엄마로 보인다. 그러나 이 엄마는 그 어떤 엄마보다 아이를 더 많이 사랑한다. 다른 어떤 아이보다 똑똑한 아이로 더 잘 키우고 싶어 한다. 누구보다 좋은 엄마가 되기를 바란다.

상담을 진행하다 보니 엄마에게도 상처가 있었다. 자신이 원하는 학교, 원하는 학과에 들어가지 못한 아픔이 있었다. '자신이 공부를 조금 더 열심히 해서 준비를 잘했더라면 원하는 학교, 원하는 학과에 진학했을 텐데' 하는 아쉬움이 큰 나머지 '준비되지 않은 것에 대한 불안감'이 매우 컸다. 사랑하는 아들은 어릴 때부터 철저히 준비시켜서 자신이 원하는 세상을 살게 해주고 싶었다. 그래서 매일매일 할 일을 미루지 않고 꼬박꼬박 열심히 공부하고 노력하기를 아이에게 독촉했던 것이다. 엄마는 상담 과정에서 아이에게 자신이 원하는 삶을 강요하고 있다는 사실을 처음으로 인지하게 되었다.

대화법을 바꾸는 다섯 가지 솔루션

나는 H의 어머니에게 다섯 가지를 제안했다.

첫째, 목소리 조절하기. 톤(tone), 속도(speed), 크기(volume)를 모두 줄이라고 요청했다.

둘째, 명령어와 지시어 사용 금지. 어머니가 주로 하는 "숙제 해", "빨리 밥 먹어", "게임 시간 끝났어", "그만해" 같은 말을 절대 하지 말라고 당부했다.

셋째, 부정어 말고 긍정어 사용하기. "하지 마" 대신 "이렇게 하자", "안 돼" 대신 "이건 해도 괜찮아"라고 말하기를 권했다.

넷째, 엄마는 숙제 내주지 않기. 유치원과 학습지 숙제 외에 엄마가 내주는 숙제를 모두 중단하라고 했다.

다섯째, 대화법 훈련하기. 부부용, 부모-자녀용 두 가지 버전으로 제시했다.

다섯 가지 솔루션은 어머니에게 가장 어려운 일이다. 어머니에게 "뼈를 깎는 아픔이 있지만 그래도 해보자"라고 했다. 어머니는 천천히 적용하기 시작했다. 그러자 아이의 문제행동이 조금씩 줄어들었다. 엄마의 변화에 비례해 아이 또한 달라졌다. 나중에는 공격적인 행동도 점차 하지 않았고 문제행동들이 소거(消去)되었다. 아이의 변화를 보고 유치원 선생님들이 놀랄 정도였다.

아이의 행동을 통제하지 않고 적정하게 허용하고 일관성 있게 훈육하며 엄마가 바라는 일상이 아니라 아이가 원하는 일상을 보내자 안정감을 찾아갔다. 이 가정의 가장 큰 문제는 아빠와 엄마의 상반된 양육 방식이었다. 부부 상담을 통해 양육 매뉴얼을 정하고 일관된 방법으로 아이를 대하니 혼란스러워하던 아이의 마음에 평화가 찾아왔다. 서로의 기질을 파악함으로써 서로를 이해하게 되었다.

사랑이라는 이름의 협박을 그만두자

대부분의 부모들이 자기도 모르게 부모라는 이름으로 자기 편의의 훈육 방법을 선택한다. 아이를 위한 것이라고 하지만 결과적으로 아이를 병들게 한다. 심한 경우 아이를 교육이라는 이름으로 협박하기도 한다.

"엄마 말 안 들으면 저녁 안 줄 거야."

"그렇게 공부 안 하면 공장에 보낼 거야."

"이렇게 길거리에서 떼쓰면 여기 두고 엄마 혼자 집에 간다."

"숙제 안 하면 간식 안 준다."

"양치 안 하고 자면 벌레가 이빨 다 갉아먹어서 이빨 빼야 한다."

이렇게 말해서 사랑하는 우리 아이들이 부모의 말을 잘 들을까? 이러한 말에서 부모의 사랑이 느껴질까? 깊이 생각해볼 일이다. 부모는 사랑하는 자녀에게 안정감을 주고 진실한 사랑을 주어야 하는데 오히려 공격하고 상처를 준다. 일부러 자녀를 괴롭히고 상처를 주고자 하는 부모는 없을 것이다. 내 아이를 제대로 교육하고 잘 키우고 싶은 마음은 한결같은데 표현 방법을 잘 모를 뿐이다.

그렇다면 앞으로도 우리 아이들에게 계속 상처 주고 공격하며 약자인 아이들을 부모가 원하는 대로 통제하며 기를 것인가? 자녀를 위한다고 하지만 사실은 부모 자신이 편하고 불안감에서 벗어나기 위한 일임을 인식해야 한다. 진정 아이를 위한다면 잘못된 언어를 바꿔야 한다.

나의 언어를 체크하자

아이뿐 아니라 타인과 대화할 때도 자신이 어떠한 언어를 사용하고 있는지 때때로 확인하기를 권한다. 아이에게 부탁한다면

"물 한 컵 가지고 와"라고 하기보다 "물 한 컵 가져다줄 수 있겠니?"라고 말한다. "공부해!"라고 다그치기보다는 "이제 공부할 시간이야"라고 말하는 게 훨씬 좋은 반응을 불러올 수 있다. "핸드폰 그만해!"보다는 "이제 그만 잠잘 시간이야", "이제 그만 놀아!"보다는 "이제 우리 집에 가서 간식 먹을까?"라고 해보자.

지시어와 명령어를 권유형으로 바꾸면 우리 아이들은 존중받는 느낌이 들 것이다. 부모가 일방적으로 한계치와 기준치를 설정해 명령하고 지키도록 강요한다면 우리 아이들은 주눅 들고 위축된다. 그뿐 아니라 아이의 분노 감정만 높아져 공격적으로 변해 문제행동을 일으킬 수 있다. 사랑하는 우리 아이들에게 감정적으로 안정감을 주는 부모가 되기를 바란다.

부정적인 감정은 그때그때 건강하게 표현해야 한다. 그렇지 않으면 나중에 더 크게 돌아올 수 있다. 어린아이들도 감정을 표현해야 건강하게 자랄 수 있다.

화내지 않고 말하는 세 가지 기술

나는 어려서부터 서부영화를 즐겨 보았다. 당시 서부영화의 주인공은 대개 존 웨인이 맡았다. 큰 키에 권총을 옆에 차고 황량한 벌판을 걷는 배우의 모습이 어린 내 마음에도 꽤 인상 깊게 남았다. 존 웨인이 생전에 남긴 명언이 있다.

"낮은 목소리로 말하고, 천천히 말하고, 너무 많이 말하지 말라."

그가 전한 언어의 기술 세 가지는 낮은 목소리(talk low), 천천히 말하기(talk slow), 많이 말하지 않기(don't say too much)로 정리된다. 앞의 사례에서 내가 H의 어머니에게 제안했던 방법과 같다. 이것은 화내지 않고 말하는 방법과도 일치한다. 이 세 가지만 잘 지켜도 현명하게 관계를 맺기 위한 대화에서 실패할 확률은 없을 것이다.

나의 정서 통장은
얼마나 부자인가

상처는 나을 때까지 기다리지 말고 적극적으로 치료하라

어린 시절의 상처는 치명적이다

상담실을 찾는 분들뿐만 아니라 거의 모든 사람들은 크고 작은 상처들을 떠안고 살아간다. 단지 모양과 크기와 색깔이 다를 뿐이다. 상처의 기억을 지울 수만 있다면 얼마나 좋을까? 나를 포함한 모든 사람들의 상처를 지우개나 컴퓨터의 삭제(delete) 버튼으로 깨끗이 지워주고 싶다.

특히 상담실에서 내담자들이 털어놓는 각양각색의 상처들을 들을 때 그 생각이 더 간절하다. 그런데 이야기를 들어보면 대부분의 상처가 어린 시절에 기인한다는 것을 알 수 있다. 그래서 프로이트(Sigmund Freud)를 비롯한 정신분석학자들은 어린 시절의 성장 과정을 중요하게 여겼다.

상담심리학자 한재희 소장은 《상담 패러다임의 이론과 실제》

(교육아카데미, 2006)에서 "정신분석은 어린 시절에 겪었던 정서적 경험을 매우 중요하게 여긴다. 어린 시절의 경험은 성격 형성의 핵심이 되며 인생의 전반에 걸쳐 영향을 미치는 요인이 된다"라고 썼다. 상처받은 시기가 어릴수록 미치는 영향은 훨씬 더 크다. 그래서 김태형 심리학자는 《누구에게나 어린 시절의 상처가 있다》(21세기북스, 2013)에서 "어린 시절의 상처가 더 치명적이다"라고 했다.

"선생님, 저는 눈물이 나지 않아요"

"선생님, 저는 아무리 슬픈 일이 있어도 눈물이 나지 않아요"라고 했던 초등학교 6학년 남자아이가 있었다. 이 아이는 어릴 때 자주 울었는데, 그때마다 할머니와 다른 가족들에게 "남자아이가 울면 안 된다"는 말을 자주 들었다고 한다. 유치원에 다닐 때도 선생님들이 같은 말을 하셨다고 한다.

어느 날 유치원에서 울고 있는 자기를 보면서 친구들이 "너는 남자아이가 매일 우냐? 울보래요. 울보래요" 하고 손가락질하며 놀렸다고 한다. 그 순간 어른들이 말씀하실 때는 느끼지 못했던 '수치심'이라는 감정을 처음 느꼈다는 것이다. 그날 이후로 어떤 슬픈 일이나 힘든 일이 있어도 눈물이 나오지 않았다. 이제는 울고 싶어도 눈물이 나오지 않는다고 했다.

문제는 여기서 끝나지 않았다. 건강하던 아빠가 갑자기 쓰러져 생명이 위독한 상태로 중환자실에 누워 있었다. 가족들이 달려가 아빠를 보고 울고불고하는데 그 모습을 보고 자신은 "마음은 정말 슬픈데 눈물이 나오지 않았다"라고 불편감을 호소했다.

어린 시절에 느낀 수치심 때문에 감정 표현을 억눌러왔던 아이는 그 후 몇 개월간의 상담 끝에 드디어 눈물을 마음껏 흘릴 정도로 감정을 풀어놓을 수 있었다. 오랜 시간 동안 슬픔을 표출하지 못했던 것은 어린 시절의 상처가 상흔처럼 크게 남아 있었기 때문이다. 다행히 자기 감정을 표출하기까지 오랜 시간이 걸리지 않았지만, 어떤 경우에는 이런 상흔이 몇십 년, 혹은 죽을 때까지 남아 있기도 하다.

나의 상처 들여다보기

나에게도 내가 기억하지 못하는 어린 시절의 상처가 있었다. 나도 너무 많이 울어서 아기였을 때 별명이 울보였다. 부모님의 이야기로는 잠자는 시간 빼고 잠들기 전까지 깨어 있는 시간은 거의 울었다고 한다. 그래서 바닥에 누워 잠을 자지 않고 늘 할머니, 엄마, 고모 등 가족들의 등에 업힌 채로 잠들었다고 한다. 많이 울기만 한 것이 아니라 목소리가 우렁차서 집 밖까지 소리가 너무 크게 들려 가족들이 곤혹스러웠다고 한다. 그런 이유로 나는 집 안에 있는 창고 같은 좁고 어두운 곳에 여러 번 갇힌 적이 있었다. 하지만 정작 나는 그 사실은 까맣게 잊은 채 성인이 되었다.

그런데 대학을 졸업하고 서울에 올라와서 생활하던 어느 날부터인가 집 안에 있는 화장실이나 좁고 어두운 공간에 들어가면 가슴이 답답했다. 처음에는 '피곤해서 그런가 보다' 하고 무시했다. 그런데 그 증상이 오랜 기간 없어지지 않고 결혼해서 아이들을 양육할 때도 남아 있었다.

화장실에 들어갈 때 문을 완전히 닫지 않고 조금 열어놓은 상태로 볼일을 보기도 하고 혼자서는 좁고 어두운 공간에 들어가지 않았다. 딸아이가 조금 성장했을 때 어느 날 "엄마, 화장실에 들어가 볼일 볼 때 문 좀 꽉 닫아주세요"라고 이야기했다. 그때까지 내가 그렇게 하고 있다는 사실조차 인지하지 못했다. 나는 딸아이에게 대답했다. "엄마가 그런 줄도 몰랐네. 그런데 엄마는 왜 그런지 모르겠지만 화장실 문을 꽉 닫으면 가슴이 답답해서 말이야. 나도 모르게 문을 살짝 열어놓았던 것 같아. 주의해볼게." 하지만 그러한 현상은 없어지지 않았다.

그 이유를 상담 공부를 하면서 알게 되었다. 나는 기억하지 못하지만 어린 시절 좁고 어두운 창고 같은 곳에 갇혀 있었던 기억이 무의식에 저장되어 나도 모르게 같은 경험을 하면 몸이 불편했던 것이다.

그 후로 나 자신에게 "얼마나 무서웠니? 얼마나 외로웠니?"라고 말을 걸어주었다. 그리고 "이제는 무섭지 않아. 이제는 혼자가 아니야. 이제는 안전해"라고 말했다. 거기에서 그치지 않고 고향에 내려가 부모님께 그 사실을 말씀드렸다. 그 이야기를 들은 부모님은 나에게 진심으로 사과하셨다. "그런 일이 있었구나. 우리는 네가 그렇게 고통을 겪었다는 사실을 모르고 있었다. 네게 그런 상처를 주어서 미안하다. 우리가 몰라서 그랬으니 용서해 주렴."

그러고 나서 얼마 후부터 놀랍게도 화장실에 들어가 문을 꼭 닫아도 답답한 증상이 느껴지지 않았다. 내 무의식에 남아 몸으로 표출되었던 마음의 상처가 부모님의 사과로 치유되었다. 참으로 신기하고 놀라운 일이었다.

알아채지 못하는 의식이 더 많다

프로이트는 인간의 심리 영역을 의식(consciousness), 무의식(unconsciousness), 전의식(preconsciousness)으로 나누었다. 의식은 현재 마음속에 각성되어 있는 영역이고, 무의식은 자각하지 못하는 깊이 숨겨져 있는 영역이다. 전의식은 의식과 무의식의 중간으로 살짝만 자극하면 의식으로 끌어올릴 수 있는 감정이나 생각이다.

예를 들어 지하철역에서 누군가 내게 인사하는데 나는 알아보지 못했다고 하자. 상대방은 내 이름까지 부르며 기억하는데 나는 아무리 기억을 짜내도 떠오르지 않는 경험이 한 번쯤 있을 것이다. 그때 상대방이 "○○초등학교 6학년 2반이었지? 너랑 같은 반이었던 ○○○야"라고 말하면 "아, 공부 잘했던 그 ○○구나" 하고 생각나는 것이 전의식이다.

프로이트는 의식을 '빙산의 일각'이라고 했다. 빙산은 대부분 수면 아래 잠겨 있어 보이지 않는다. 의식은 약 15퍼센트에 불과하다. 전의식은 약 5퍼센트이고 나머지 80퍼센트가 무의식이 차지하고 있다. 무의식에 잠겨 겉으로는 보이지 않는다고 해서 없는 것은 아니다. 보이지는 않지만 사람의 마음속에서 감정과 사고, 행동을 결정하고 통제하는 무서운 힘을 가지고 있다. 그리고 성인이 되어서도 마음속에 내재되어 우리의 삶에 영향을 준다.

상처, 어떻게 치료할까

상처받지 않고 사는 사람은 없다. 또 남에게 상처 주지 않고 사는 사람도 없다. 중요한 것은 상처받거나 상처 준 일 자체가 아니다. 내가 상처받았을 때 어떻게 회복하느냐, 남에게 상처 주었을 때 어떻게 보듬어주느냐가 중요하다.

현실치료(reality therapy)의 창시자 윌리엄 글래서(William Glasser)는 인간의 기본적인 욕구 다섯 가지를 생존 욕구, 사랑과 소속 욕구, 성취 욕구, 자유 욕구, 즐거움 욕구로 분류했다. 모든 인간은 살고자 하는 생존 욕구 다음으로 사랑받고자 하는 욕구를 갖고 있으므로 사랑을 느끼면서 상처를 치유할 수 있다. 특히 태아기부터 영아기에 해당하는 0~만3세는 부모의 영향을 가장 많이 받는 시기다. 이때 충분한 스킨십과 정서적 돌봄으로 마음과 몸이 안정감을 느끼도록 해주어야 한다.

최근 뉴스에는 아동학대 사건이 빈번히 나온다. 2020년 보건복지부의 아동학대 통계 자료에 의하면 아동학대 행위자의 82.1

퍼센트가 아동의 부모, 발생 장소는 약 87퍼센트가 가정이라는 사실에 놀라지 않을 수 없다.

나의 상처를 아는 것에서 출발한다

상처받지 않으면 얼마나 좋을까? 그리고 이미 받은 상처를 지울 수만 있으면 얼마나 좋을까? 그러나 상처받지 않을 수도 없고, 받은 상처를 삭제하거나 잘라낼 수도 없다. 그렇다면 어떻게 해야 할까?

먼저 자신이 상처받았다는 사실을 인식하고, 스스로 자신의 상처를 밀어내지 않고 보듬어주어야 한다. 그 상처를 표현해야 한다. 가장 좋은 방법은 상처 준 사람에게 진심 어린 사과를 받는 것이다. 어린 시절 내가 겪은 일에 대해 부모님이 진심으로 사과하신 것처럼 말이다. '마음의 소리는 가슴으로 듣는다'고 한다. 마음으로 들여다보고 가슴으로 자기 마음의 소리를 들어보자.

비 온 뒤에 땅은 더 굳어진다. 뜻하지 않은 상처를 받았다면 적극적인 치료가 필요하다. 그 상처를 딛고 일어서면 더욱 단단해지고 성장한 자신을 발견할 수 있다. 아픔 없이 크는 나무는 없고, 아픈 만큼 성숙해진다. 단, 시간이 약이라는 것은 거짓말이다. 저절로 치유되지 않는다. 상처나 아픔을 적극적이고 전문적으로 치료해야 한다는 사실을 명심하자.

나의 정서
통장을 채우자

우리 엄마의 레시피는 사랑 한 스푼, 정성 두 스푼

세 딸들이 어렸을 때 어느 날 떡볶이를 해달라고 했다. 아이들이 내가 만든 떡볶이를 맛있게 먹는 모습만 봐도 마음이 흡족했다. 그런데 한참 먹다가 둘째 딸아이가 "우리 엄마의 요리 레시피는 사랑 한 스푼, 정성 두 스푼이에요"라며 엄지척을 해주었다. 정말 맛있다는 칭찬이었다. 최고의 극찬을 받은 나는 정말 기뻤고 '다음에는 더 맛있는 음식을 만들어줘야지!'라고 생각했다.

이렇게 우리는 관계 속에서 기쁨을 주고받는다. 서로를 인정해 주고 존중하고 사랑함으로써 얻을 수 있는 기쁨이다. 다른 표현으로 하면 신뢰감이다. 신뢰감이 쌓이면 관계는 더욱 돈독해진다.

우리가 일상생활을 하기 위해서는 돈이 필요하다. 통장에 잔고가 많을수록 마음이 여유롭고 편안하다. 통장에 입금하지 않고 출금만 계속하다 보면 언젠가는 잔고가 바닥나거나 마이너스 통장이 될 수 있다. 그렇게 되지 않으려면 입금과 출금의 균형을 적절히 맞춰야 한다. 통장 잔고가 몇십억 정도 적립되어 있다면 불시에 예상치 못한 큰 지출이 생겨도 염려 없다. 잔고가 충분하기 때문이다. 그런데 100만 원 있는데 갑자기 100만 원을 지출해야 한다면 통장 잔고는 0원이 된다. 20만 원 있는데 30만 원 지출해야 한다면 10만 원 적자로 마이너스 통장이 된다. 이럴 때는 어떻게 해야 할까? 나는 또 하나의 정서 통장을 예비로 마련해두라고 권한다.

예비 정서 통장이 필요하다

우리가 살아가는 데는 또 하나의 정서 통장이 필요하다. 나와 배우자, 부모와 자녀, 나와 친구, 나와 직장 동료, 선후배 등 모든 인간관계에 필요한 통장이다. 그렇다면 정서 통장(emotional bank account)이란 무엇인가? 서로가 서로에게 느끼는 신뢰, 배려, 칭찬, 격려, 지지, 감사, 존중, 관심, 사랑 등 긍정적 감정의 총체를 말한다.

나는 이 긍정적 감정 항목 중에서 신뢰가 가장 중요하다고 생각한다. 정서 통장도 입금과 출금이 가능하다. 그래서 적금 통장처럼 매일 꾸준히 저축하듯이 쌓아야 한다. 그렇지 않고 출금만 계속 반복한다면 정서 통장 역시 텅 비어버린다. 정서 통장은 어떻게 입금과 출금을 할 수 있을까? 오늘 상대방에게 칭찬 한마디를 했다면 입금한 것이고 비난했다면 출금한 것이다. 칭찬과 격려와 지지를 통해 입금을 많이 해두는 것이 필요하다.

나에게도 이 정서 통장이 매우 요긴하게 쓰인 경험이 있다. 오래전 남편이 대출까지 받아 친한 친구에게 큰돈을 빌려주었다. 그일로 우리의 재정 통장은 마이너스가 되었다. 그런데 남편이 그 사실을 이야기하지 않아 3년이 지난 후에 우연히 알게 되었다. 나는 큰돈을 잃은 것도 충격이었지만 남편이 나에게 말하지 않고 혼자 결정한 사실에 더 큰 충격을 받았다.

약 일주일간 아무것도 할 수 없을 정도로 끙끙 앓아누웠다. 내가 가장 중요하다고 믿는 신뢰가 한순간에 무너졌다. 신뢰가 사라진 사람과 함께 살 수 없을 것 같았다. 그래서 '헤어져야 하나?' 고민하며 일주일을 보냈다. 아직 어린 세 딸아이가 있고 혼자 살아갈 자신이 없기도 했다. 그러나 나는 신뢰가 무너진 것에 대한 충격에서 벗어나기 어려웠다. 우선 헤어져야 할 이유와 헤어지지 않을 이유를 찾아보았다. 헤어져야 할 이유는 큰돈을 잃어서 가정 경제에 타격을 주었고 그 사실을 숨겨서 신뢰를 무너뜨린 것이다. 헤어지지 않을 이유는 너무나 많았다. 그동안 남편이 나와 세 아이들에게 쌓아온 정서 통장에 아직 잔고가 두둑이 남아 있다는 사실을 발견했다.

가족을 먹여살리느라 성실하게 열심히 살아왔을 뿐만 아니라 마음을 편안하고 즐겁게 해주었고 늘 격려와 지지와 칭찬을 해준 남편이 떠올랐다. 집안일을 적극적으로 도왔고 가족들을 존중해

주었다. 웃음도 많이 주었다. 즐거운 추억도 많았다. 큰돈과 한 번의 신뢰를 잃은 것 말고 앞으로 함께 살아야 할 이유가 훨씬 더 많았다. 남편의 일은 실수였다. 사람은 누구나 실수할 수 있다. 실수는 용서할 수 있다. 그래서 남편의 실수를 덮어주고 용서하고 그것을 약점 삼아 다투지 않기로 했다. 이후 빚을 정리하기 위해 집을 이사하고 삶의 방향을 전환해 살았다.

정서 통장이 비면 위기가 온다

남편이 나와 자녀들에게 그동안 쌓아온 정서 통장에 잔고가 별로 없었더라면 내 결정은 달라졌을 것이다. 오히려 큰 건수 하나 잡은 듯이 단점을 부각해서 헤어지기로 마음을 굳혔을 것이다. 그런데 긴 세월 살아오는 동안 정서 통장에 잔고를 매우 두둑이 쌓아온 결과 서로 신뢰를 회복하고 아직까지 서로 존중하며 잘 살고 있다. 이처럼 정서 통장은 서로의 관계에 매우 중요한 역할을 한다. 두둑한 정서 통장 덕분에 우리 가족을 지킬 수 있었다.

'콩으로 메주를 쑨다 해도 곧이듣지 않는다'는 우리나라 속담이 있다. 국립국어원에는 '아무리 사실대로 말해도 믿지 아니함을 비유적으로 이르는 말'로 풀이되어 있다. 이것 또한 신뢰의 중요성을 비유한 것이다. 신뢰는 정서 통장에서 가장 큰 숫자로 표기되는 단위가 아닐까. 신뢰를 잃으면 전부를 잃는 것과 같다.

이솝 우화 중 '양치기 소년'도 신뢰에 관한 이야기다. 양치기

소년은 늑대가 나타나지 않았는데도 "늑대가 나타났다"라고 거짓말을 여러 번 반복해 신뢰를 완전히 잃었다. 그러다 진짜 늑대가 나타났을 때 아무도 도와주지 않아 우리에 있던 양들이 모두 늑대에게 잡아먹혀 버렸다. 양치기 소년의 정서 통장은 마이너스였던 것이다.

부모와 자녀에게도 정서 통장이 필요하다

현대사회는 신뢰를 잃어가고 있는 것 같다. 부부가 서로 믿지 못하고 부모가 자녀를, 자녀가 부모를 믿지 못하는 시대에 살고 있다. 그럴수록 가정에서 아이들이 어릴 때부터 긍정적인 정서를 많이 심어주어야 한다.

오늘 내 아이에게 화를 냈거나 짜증을 냈다면 출금이 된다. 부정적인 단어나 명령어, 금지어를 사용해도 출금, 아이의 감정을 수용해 주지 않았어도 출금, 아이의 정서 행동에 반응해 주지 않았어도 출금, 아이의 행동을 비난했다면 출금, 비일관적인 양육 태도도 출금된다.

반대로 아이를 가슴에 꼭 안아주었다면 입금된다. 아이의 말과 행동에 적극적인 반응을 해주었다면 입금, 아이가 스스로 행동하는 모습을 관찰해 구체적으로 칭찬해 주었다면 입금, 위축되어 있는 아이에게 사랑한다고 뽀뽀해 주었다면 입금, 시험에서 높은 성적을 받지 못했지만 격려를 아끼지 않았다면 입금, 떼쓰고 고집

부릴 때 화내지 않고 기다려주었다면 입금된다.

가족 구성원에 맞는 항목을 정해서 입금과 출금 금액을 정하고 약속해 체크해 보는 것도 즐거운 경험이 된다. 정서 통장의 잔고를 자주 확인하는 습관은 매우 중요하다.

늘 입금만 하면서 살 수는 없다. 그러나 전날 출금을 크게 했다면 다음 날 또다시 입금할 수 있는 계기를 마련할 수 있다. 갈등이 많고 행복하지 않은 가족들은 출금이 너무 많아 정서 통장이 고갈되어 있다. 가족들의 정서 통장이 고갈되지 않도록 매일 꾸준히 조금씩 입금해 통장 잔고를 두둑이 채워 넣는 것은 매우 중요한 일이다.

정서 통장을 채우는 일곱 가지 전략

그렇다면 정서 통장을 어떻게 채워야 할까? 나는 일곱 가지 전략을 제안한다.

첫째, 작은 일도 칭찬하기

둘째, 서로의 장점 말해주기

셋째, 서로에게 격려와 지지해 주기

넷째, 감정을 수용해 주기

다섯째, 서로에게 관심 기울이기

여섯째, 부드러운 말로 공감하기

일곱째, 함께 행복한 추억 만들기

　내가 제안한 전략은 거창하지 않다. 언제, 어디서라도, 누구에게라도 할 수 있다. 작은 일도 칭찬하고 장점을 찾아 격려하고 지지해 주는 일은 마음먹으면 하루에도 몇 번씩 할 수 있다. 그 마음이 없을 뿐이지, 왜 칭찬하고 격려할 일이 없겠는가?

　남의 감정을 받아주고 사소한 부분에도 관심을 주고 부드럽게 공감해 주는 것에는 돈이 들지 않는다. 이 모든 일을 다 해주고 나면 행복한 추억은 당연히 돌아온다. 이것만큼 실천하기 쉬운 게 또 있을까? 정서 통장은 세상 그 어떤 통장보다도 잔고를 쉽게 늘릴 수 있다. 그러니 날마다 도전하고 실천해 보자. 정서 부자가 되는 길이 열릴 것이다.

상대의 감정을
되돌려주자

"그동안 많이 힘드셨군요!"

연말 즈음 상담실에 문의 전화가 왔다. 한 어머니가 이것저것 문의를 했고 상세하게 답변한 후에 새해 첫날부터 치료비가 인상된다는 안내를 했다. 그 말이 끝나기도 전에 어머니는 "그렇게 치료비를 인상하면 우리같이 힘든 사람은 어떻게 사느냐?"라며 갑자기 큰 소리로 화를 냈다. 어머니의 공격은 멈추지 않고 한동안 계속되었다.

급기야 나도 더 이상 참기 힘든 지경에 이르렀지만 애써 끝까지 듣고 차분하게 말했다. "어머니, 그동안 많이 힘드셨나 보네요. 어머니 질문에 저는 답변했을 뿐인데 혹시 제가 잘못한 게 있나요?" 그러자 어머니는 조금 누그러진 목소리로 "아니, 선생님이 잘못했다는 게 아니고요"라고 했다. 그러고는 발달장애 자녀를 둔 엄마의 힘든 마음을 이야기하고는 자기도 모르게 갑자기 화가 나서 흥분했다며 미안하다고 사과했다.

감정 달리기? 감정 되돌려주기

자신도 모르게 상대방에게 자신의 감정을 쏟아버리는 경우가 있다. 그때 누군가 옆에서 제어해 주지 않으면 브레이크가 고장 난 자동차처럼 '감정 달리기'를 한다. 그러면 상대방은 큰 상처를 입고 마음의 문을 닫는다. 상처받지 않고 상대방과 계속 대화하려면 어떻게 해야 할까? 가장 좋은 방법은 '감정 되돌려주기'다.

상대방이 감정을 마구 쏟아낼 때 상대방과 똑같이 대응하면 싸움이 날 수밖에 없다. 끝까지 듣고 나서 '당신이 지금 나에게 화를 내고 있군요'라는 신호를 보내준다. 화난 감정으로 계속 달리지 않도록 멈추게 하는 것이다. '그동안 많이 힘드셨나 보군요'라는 말로 상대방의 감정을 먼저 읽어준다. 그리고 '혹시 제가 잘못한 게 있나요?'라는 질문으로 '당신이 지금 부당하게 화를 내고 있네요'라고 확인시켜줌으로써 그가 나에게 던진 감정을 되돌려준다.

그 순간 화는 상대의 감정이지 나의 감정이 아니다. 그의 감정을 내가 가져오는 것이 아니라 그에게 다시 돌려줄 때 상처받지 않고 상대방과 계속 대화할 수 있다.

"나에게 강요하지 마!"

7세, 5세 두 아이를 둔 엄마의 이야기다. 주말이면 다른 아빠들이 밖에서 아이들과 놀아주는 모습을 보면서 몹시 부러웠다. 일주일 내내 혼자 가사와 육아를 도맡아 하느라 지친 전업주부 엄마는 주말이면 잠깐만이라도 아이들에게서 벗어나고 싶었다. 그런데 남편에게 이러한 상황을 이야기하는 것이 어려웠다. 남편의 반응이 예상되었기 때문이다. 평소에도 남편과 대화가 잘 안 통하고, 집에 무슨 일이 생기면 늘 아내 탓을 하고 공격적으로 말하는 습관이 있었다.

어느 날 아내는 용기를 내어 남편에게 부탁했다. "여보, 주말에 당신이 아이들을 데리고 밖에 나가 놀아주면 좋겠어요." 그러나 남편은 냉정한 말투로 "나에게 강요하지 마"라고 했다. 아내는 가슴에 큰 돌이 박힌 것처럼 답답하고 통증까지 느껴졌다고 했다. 이럴 때 아픈 가슴만 움켜쥐고 있을 것인가?

아내는 남편에게 "당신에게는 그 말이 강요로 들리는구나!"라는 말로 감정을 되돌려줘야 한다. 남편은 어린 시절 상대방이 자기의 감정을 받아들여주는 경험을 하지 못했기에 아내의 부탁을 강요로 받아들이거나 감정 표현을 올바르게 하지 못했다.

부모님의 통제를 많이 받고 자란 사람은 성인이 되어 누군가에게 통제받거나 간섭받으면 자신도 모르게 화가 나고 상대방에게 공격적인 말이나 행동을 하는 경우가 있다. 어떤 역할을 강요당하면서 자란 경우에도 성인이 되어서 자신에게 어떤 역할을 맡기면 강요처럼 느껴서 화를 내고 배우자에게 상처 주는 말로 공격한다. 특히 우리나라는 장남이나 장녀와 같이 맏이들에게 이러한 역할이 주어지는 경우가 많다. 부모님들은 맏이들에게 '엄마 아빠가 없을 때는 네가 엄마이고 아빠야'라는 말로 역할을 부여하고 강요한다.

위의 사례에서 남편은 태어날 때부터 장남의 역할을 부여받았다. 특히 엄격한 부모님 밑에서 강요와 통제를 받으며 장남의 역할은 더욱 가중되었다. 어려서는 부모님에게 저항하지 못한 채 분노를 쌓아두고 있다가 결혼한 배우자에게 그동안 억압된 감정을 표출했다. 그래서 아내에게 일정한 역할을 맡아달라는 이야기를 듣거나 통제당한다는 느낌을 받으면 참지 못하고 불같이 화를 내는 것이다.

감정을 돌려주는 방법

"나에게 강요하지 마"라는 말처럼 공격적인 언어로 화를 내면 "내가 부탁한 것이 당신에게는 강요로 들리는구나!"라고 감정을 되돌려주도록 했다. 그리고 "나는 당신에게 강요하려고 한 것이 아니었는데 강요로 들렸다면 미안해"라고 상대방의 마음을 먼저 읽어주고 사과하도록 했다.

일주일 후 아내는 한결 밝은 표정으로 상담실에 들어왔다. 표정이 밝아진 이유를 물었다. 아내는 일주일 동안 겪었던 에피소드를 털어놓았다. 두 아이들을 돌보느라 너무 피곤하고 지친 어느 날 저녁, 남편에게 "여보! 나 너무 피곤하고 힘들어!"라고 말을 했더니 남편은 또 "생색내지 마. 나는 더 힘들어"라고 퉁명스럽게 말을 던 졌다는 것이다.

너무 기분 나쁘고 화가 났지만 솔루션을 받은 대로 "내가 힘들 다는 말이 당신에게는 생색내는 것으로 들리는구나!"라고 감정을 남편에게 돌려줬다. 그리고 "나는 당신에게 생색내는 것이 아니라 그냥 피곤하고 힘들다고 이야기한 건데 생색내는 것으로 들렸다 면 미안해!"라고 사과했다. 그랬더니 화난 마음이 조금 누그러지 면서 속이 시원하고 통쾌했다고 고백했다. 남편도 더 이상 공격하 지 않고 오히려 화난 표정이 누그러지면서 아내의 말을 들어주기 시작했다.

아내는 놀라고 감동해서 "당신이 화내지 않고 내 말을 들어줘 서 고마워"라고 남편에게 고마움을 표현했다. 그랬더니 남편은 '피 식!' 하고 멋쩍은 듯 웃었다고 한다. 그 후 아내는 조금씩 용기를 내서 자신의 감정과 생각을 표현했다. 그리고 조심스럽고 정중한 태도로 남편에게 부탁하기 시작했다. 남편은 아내의 이야기를 들 으려고 노력했다. 그렇게 부부는 대화하는 기회를 조금씩 만들어 나갔다.

아내가 그전에 이렇게 하지 못했던 것은 남편의 반응이 두렵 고 아이들 앞에서 싸우는 모습을 보이기 싫어서였다. 가능하면 자 신의 감정을 숨기고 괜찮은 것처럼 참고 그냥 넘어가려 한 것이다.

그러나 너무 참기만 하던 아내는 화병이 생기면서 계속 일상이 우울하고 무기력했다. 그뿐만 아니라 불면증까지 겪으며 고통의 날들을 보냈다. 남편의 감정을 끌어안고 혼자 상처받으며 속상해했지만, 상담후 솔루션을 통해 감정 되돌려주기를 하자, 자신도 마음이 편안해지고 남편의 마음도 열어 대화가 가능한 관계로 변화하게 되었다.

감정을 그대로 읽고 담아주면 마음의 공간이 생긴다

감정에는 긍정적 감정도 있고 부정적 감정도 있다. 긍정적 감정만 느끼고 살 수 있으면 얼마나 좋을까? 안타깝게도 사람들은 부정적 감정을 더 많이 느끼며 살아간다. 부정적 감정을 느끼면 마음이 불편하다. 불편한 감정을 느끼는 것 자체가 나쁜 것은 아니다. 단지 어떻게 표현하느냐의 문제이다. 기분 나쁘거나 화났을 때 그 감정을 재빨리 알아차리는 것이 가장 중요하다. 감정을 인식했다면 부정적 감정이 더 증폭되기 전에 언어, 즉 말로 자신이 화가 났음을 표현하면 된다.

그럴 때 "많이 힘들구나", "당신은 그럴 때 화가 나는구나"라고 상대방에게 감정을 그대로 돌려준다. 또는 "당신은 그렇게 느끼는구나", "당신은 그렇게 생각하는구나", "그럴 때 그런 감정이 드는구나"라고 인정해 주면 된다. 그것을 '타당화'라고 한다. 나의 감정을 상대방이 그대로 인정해 주면 안정감을 느끼게 되고 편안해진다. 그러면 화난 마음이 진정되면서 상대방의 말을 들을 수 있는 마음의 공간이 생긴다. 그렇게 해서 서로의 관계가 훨씬 좋아질 수 있다.

감정의 쓰레기통은
그때그때 비우자

사람의 감정은 타이어 공기압과도 같다

자동차를 타고 사막을 건너는 방법 중 가장 유용한 팁이 있다. 여행 전문가들은 '자동차 타이어의 바람을 살짝 빼서 공기압을 낮춰야 한다'고 말한다. 타이어 공기압이 높을수록 압력에 의해 모래 속으로 더 깊이 들어가기 때문이다.

오래전 충남 태안 신두리 사구에서 모래밭에 바퀴가 빠져 고생한 적이 있다. 함께 갔던 일행이 모두 내려 "영차, 영차" 밀고 당겨서 겨우 빠져나왔다. 그때 이 상식을 알았더라면 조금 덜 고생했을 것이다.

어려운 상황에 처했을 때 감정을 쏟을수록 더 부정적으로 매몰되는 경험을 한 번쯤 해봤을 것이다. 그때 생각과 감정을 잠깐 멈추고 다른 곳으로 방향을 전환하면 부정적인 감정의 힘이 조금

빠진다. 그렇게 힘을 조금 빼고 나서 다시 생각해 보면 정리가 잘 되고 이해가 된다. 마음의 힘을 조금 빼고 말랑말랑한 상태에서 생각을 정리하면 의외로 쉽게 풀리는 경우가 있다.

중학교 1학년 아들과의 갈등 문제로 아버지와 아들이 함께 내방했다. 아들과 아버지는 서로 쓰레기통 비우는 일로 매일 다툰다고 했다. 아들은 아버지가 문제라 하고 아버지는 아들이 문제라고 서로 비난했다. 아버지와 아들의 이야기를 들어보니 갈등은 이렇게 시작되었다. 맞벌이를 하는 부부는 가족이 각자 집안일을 분담하기로 했다. 아버지는 아들에게 쓰레기 정리를 하는 조건으로 매달 용돈을 주기로 했다.

쓰레기 정리는 일반 쓰레기뿐만 아니라, 재활용 분리수거와 음식물 쓰레기까지 포함한 것이다. 그런데 아들은 매달 용돈은 꼬박꼬박 받으면서 쓰레기 정리를 제대로 하지 않았다. 아버지는 아들에게 매일 잔소리를 하고, 아들은 아버지는 하지 않으면서 왜 자신만 쓰레기를 버려야 하는지 모르겠다며 짜증을 냈다. 그러면 아버지는 또 화를 내고, 매일 싸움이 끊이지 않았다.

쓰레기를 그때그때 버리지 않으면 집 안에 냄새가 나고 지저분해서 서로 짜증이 난다. 특히 음식물 쓰레기는 더욱 그렇다. 더운 여름에는 하루만 지나도 금방 부패해서 악취가 나므로 매일매일 쓰레기통을 비워야 한다.

우리의 감정도 이와 같다. 작은 감정을 표현하지 않고 묵혀두면 없어지지 않고 속에서 쓰레기처럼 부패한다. 자신은 인식하지 못하더라도 마음속에 내재되어 주변 사람들을 불편하게 만든다. 감정을 잘 표현하는 것은 타인과 좋은 관계를 맺기 위해 매우 중요한 일이다.

감정은 나를 살리기 위한 시그널이다

《감정 어휘》(앤의서재, 2022)를 쓴 유선경 저자는 "모든 감정은 나를 살리기 위한 시그널"이라고 하며 다음과 같이 설명했다. "감정을 조절한다는 것은 잘 참고 잘 억누르고 잘 없애는 것이 아니며, 반대로 잘 분출하는 것도 아니다. 감정을 조절한다는 것은 외부나 내부의 자극과 나의 반응 사이에 '생각'을 넣을 수 있는 것이다. 즉각적으로 좋거나 편하면 받아들이고 싫거나 힘들면 회피하는 식이 아니라 자신에게 닥친 감정의 실체를 정확하게 인지하고 감정을 유발한 원인을 분석해서 어떤 감정인지 할 수 있는 한 세부적이고 정확하게 이름을 붙여 표현하는 것이다."

풍선을 불어본 적 있는가? 풍선 크기는 생각하지 않고 계속 불다가는 급기야 펑 터지고 만다. 사람의 감정도 풍선과 같아서 너무 많이 불면 터지기 마련이다. 감정도 풍선처럼 터지지 않으려면 잘 관찰해야 한다. 너무 크게 부풀었을 때는 얼른 입구를 살짝 열어 공기를 빼주어야 하듯이 감정의 크기도 조절할 필요가 있다.

'참을 인(忍) 3개면 살인도 면한다'는 속담이 있다. 화가 나거나 억울해도 끝까지 참아야 한다는 뜻이다. 그러나 참을 인(忍) 3개가 아니라 10개를 가슴에 새기다 결국 얻은 것은 화병(火病)뿐이다. 감정이 차오르면 비워주어야 한다. 화병이란 화가 쌓여 병이 된 것을 말한다. 참는 것이 능사가 아니라는 말이다.

사람의 마음속에도 감정 쓰레기통이 있다

결혼한 지 약 15년이 넘은 여성이 화병이 나서 상담을 의뢰하고 내방했다. 그녀는 어릴 때부터 누구에게나 착한 사람으로 살았다. 상대가 마음을 불편하게 해도 '내가 참으면 모두 평화로워진다'고 생각했다. 그래서 자신의 감정이나 불편한 마음을 드러내지 않는 습관이 몸에 배었다. 결혼해서도 남편과 시댁 가족들에게 싫은 표정 한번 짓지 않고 항상 웃으며 예쁘고 착한 며느리 소리를 들었다.

그런데 어느 날부터 시어머니의 비난에 마음이 불편해지기 시작했다. 그래도 자신의 마음을 억누르며 참고 또 참았다. 그러다 더 이상 참을 수 없는 한계에 이르렀다. 어느 날 그녀는 비난을 퍼붓는 시어머니에게 그동안 불편했던 마음을 한 번에 다 쏟아냈다. 꾹꾹 눌러왔던 부정적인 감정을 그대로 분출한 것이다. 마치 풍선을 끝까지 불다가 뺑 터져버리는 것처럼 말이다.

그 후 '예쁘고 착한 며느리'는 온데간데없고 시어머니에게 대드는 버릇없는 며느리, 시어머니에게 온갖 독설을 퍼붓는 못된 며느리가 되어버렸다. 그리고 좋았던 고부 관계도 한순간에 깨져버렸다. 15년간 쌓아온 공든 탑이 무너져 내린 느낌이었다.

며느리가 처음부터 자신의 감정을 억누르지 않고 시어머니에게 솔직하게 조금씩 표현했다면 한순간에 무너지는 일은 없었을 것이다. 쓰레기는 쌓아두지 말고 바로바로 버려야 한다. 억지로 꾹꾹 눌러 담다 보면 봉지 옆구리가 터져서 낭패를 당할 수 있다. 사람의 감정도 그때그때 표현하지 않고 쌓아두면 어느 순간 한쪽이 터지고 만다.

"그래도 괜찮아"

감정이 한 번에 터지지 않도록 하려면 어떻게 해야 할까? 예일대학교 교수이자 감성 지능 센터장인 마크 브래킷(Marc Brackett)은 《감정의 발견》(북라이프, 2020)에서 "감정은 무시해서도, 억눌러서도 안 된다"라고 했다. 그리고 감정을 다루는 다섯 가지 기술을 '첫째, 감정 인식하기, 둘째, 감정 이해하기, 셋째, 감정에 이름 붙이기, 넷째, 감정 표현하기, 다섯째, 감정 조절하기'라고 했다.

감정을 표현하기 위해 가장 먼저 해야 할 일은 자신의 감정이 어떤지 알아차리는 것이다. 얼마 전 딸아이는 직장 상사가 자신에게 했던 말과 자신을 대하는 태도로 인해 상처받았던 일을 나에게 이야기했다. 엄마가 걱정할까 봐 딸아이는 "그래도 난 괜찮아"라고 말했다. 딸아이가 속상한 일을 겪은 것을 알고 나 역시 속상했다. 그래서 딸아이에게 "지금 네 마음이 많이 억울하고 화가 날 텐데 '괜찮아'라고 말하지 않아도 돼"라고 말했다. 감정을 억누르지 말고 마음 깊은 곳에 자리 잡고 있는 진짜 속마음을 느껴보라고 했다. "지금 너의 마음이 어떤지 먼저 들여다봐. 자신에게 '참 속상하다, 화가 난다, 억울하다'고 말해줘." 진짜 속마음은 괜찮지 않은데 엄마가 속상할까 봐 '괜찮아'라고 말하는 딸아이의 마음이 느껴져서 더 안쓰러웠다.

나는 딸아이에게 마크 브래킷 교수가 이야기한 감정을 다루는 다섯 가지 기술을 알려주었다. 자신이 느끼고 있는 감정이 어떠한지 먼저 인식하고, 자신의 감정을 이해하고, 그 감정 하나하나에 이름을 붙여 표현함으로써 스스로 자신의 감정을 조절하라고 했다. 다음 날 아침에 딸아이는 내 말을 듣고 밤에 그대로 해보았더니 정말 마음이 편안해져서 잠을 푹 잤다고 밝은 목소리로 말했다.

우리는 타인들과 좋은 관계를 유지하기 위해 자신의 감정에 압도되지 않아야 한다. 감정을 무시해서도, 억눌러서도 안 된다. 감정이 쓰레기처럼 쌓이도록 방치해서도 안 된다. 자신의 감정 쓰레기통을 수시로 점검하고 비우는 지혜가 필요하다.

나의 감정 버튼은
어디에 있을까

같은 상황 다른 반응

심리학자 알프레드 아들러는 "사람과 사람을 떼어놓는 정동으로 분류한 구체적인 감정 중 첫 번째는 '화'다"라고 말했다. 정신분석학에서 정동(情動, affects)은 한마디로 '다른 사람에 의해 객관적으로 관찰 가능한 감정 상태'를 말한다. 희로애락처럼 일시적으로 급격히 일어나는 모든 감정이 정동인 셈이다.

아들러의 말대로 사람이 느끼는 가장 강렬한 감정은 아마도 '화'일 것이다. 살다 보면 나도 모르게 화나는 감정이 올라올 때가 있다. 화나는 감정은 정상적이고 적극적인 감정 반응이다. '화'도 나의 감정 중 일부이며 나쁜 것만은 아니다. 나를 지키기 위한 자기방어 감정이기도 하다. 다만 과도하게 표출하는 것이 문제다.

그런가 하면 같은 일, 같은 상황에서도 어떤 사람은 매우 심하게 화내고 또 어떤 사람은 그냥 기분이 나쁘다는 정도만 표현한다. 이런 차이는 어디에서 오는 것일까? 사람마다 화나는 지점이 각기 다르기 때문이다. 그래서 같은 일을 겪고도 누구는 심하게 화를 내고, 누구는 잔잔한 바다 같은 반응을 보인다. 자신을 분노하게 만드는 정확한 지점을 안다면 분노의 감정을 조절할 수 있다는 뜻이다.

우리가 분노하는 이유

언제 분노의 감정이 일어나는지를 먼저 살펴봐야 한다. 일반적으로 사람들이 분노하는 이유는 크게 여섯 가지다.

위협

이것은 순간적으로 느끼는 감정이다. 예를 들어 차 한 대가 방향 신호등도 켜지 않고 갑자기 내 차 앞으로 끼어들면 분노한다. 왜일까? 생명의 위협을 느꼈기 때문이다. 그와 동시에 매우 놀라고 당황스럽다. 내가 분노하는 경우도 대개 여기에 속한다. 준비되지 않은 상황에서 순간적으로 생명의 위협을 느끼면 화가 치밀어 오른다. 그 감정을 조절하는 데 실패한 사람들은 종종 도로에 차를 세워두고 심한 욕설을 하고 멱살을 잡아가며 싸우는 장면을 연출한다.

좌절

아이가 장난감을 가지고 놀고 있는데 갑자기 친구가 와서 장난감을 확 빼앗아 갔다. 장난감을 빼앗긴 아이는 분해서 친구에게 다가가 장난감을 다시 가져오려고 한다. 그런데 상대 아이의 힘이 워낙 세서 장난감을 빼앗을 수 없다. 아이는 분하고 억울한 마음에 '으앙' 울음을 터트린다. 장난감을 가지고 놀고 싶은 욕구와 빼앗긴 장난감을 되찾아 오지 못한 좌절감 때문이다.

타인에 의한 무시와 비난

이유 없이 상대방이 무시하고 비난하며 인격적인 공격을 하면 분노하는 것이 당연하다. 이것은 부모와 자식 간에도 마찬가지다. "넌 왜 그것밖에 못 하니?", "네가 잘하는 게 뭐가 있어?", "하루 종일 집에서 뭐 했어?" 이런 무시와 비난의 말을 들으면 참기 어려울 정도로 화가 난다. 무시와 비난, 조롱은 분노를 유발할 뿐 아니라 우리에게 평생 지우기 힘든 큰 상처를 남기기도 한다.

열등감

눈이 작은 초등학교 3학년 여자아이가 있었다. 친구 가족들과 함께 야외 나들이를 갔는데 그날따라 햇볕이 너무 강해서 눈을 뜨기가 어려웠다. 그래서 눈을 거의 감다시피 해서 걷고 있는데 함께 간 친구 아빠가 "야, 눈 좀 떠!"라고 했다. 아이는 늘 눈이 작은 것에 열등감이 있었다. 그런데 그 마음을 건드리는 말을 듣고 크게 화가 났다. 그 말 한마디로 인해 아이는 나들이는 망쳤고 그 친구와 말도 하지 않았다. 그 후 아이는 그 친구 가족과 더 이상 어울리지 않았다.

채워지지 않은 인정 욕구

20대 후반의 유치원 교사 이야기다. 직장을 다니다 유치원 선생님을 하고 싶어서 다시 대학에 들어가 유아교육학과를 졸업한 후 첫 유치원에 취업했다. 출근 첫날, 한 달 후에 평가가 있다는 사실을 알았다. 처음 평가를 받는 것에 대한 부담감도 있었지만 잘해내야겠다는 마음이 더 컸다. 그래서 매일 야근하며 열심히 평가 준비를 했다. 그런데 그 과정에서 완성된 서류를 원장님께 가지고 가면 칭찬은커녕 '다시 하라'는 지시만 했다. 그런 일들이 한 달 내내 반복되자 이 교사는 거의 폭발하기 직전이었다.

교사는 최선을 다해 준비했는데, 원장은 번번이 마음에 들 때까지 계속 '다시 하라'고 했다. 그 교사는 원장님이 "매일 야근하며 열심히 평가 준비하느라 정말 수고가 많네요"라고 한마디만 해주었다면 그렇게까지 화가 나지는 않았을 것이라고 했다. 오히려 기분 좋게 더 열심히 일하고 능력을 발휘했을 것이라고 말이다.

오해

상대가 나의 진심을 알아주지 않았을 때 오해가 생긴다. 중학교 3학년 딸을 둔 어머니의 이야기다. 딸아이의 친구 엄마에게 전화가 왔다. 딸아이가 보낸 메일에 온갖 욕설이 담겨 있는데, 그 메일을 읽고 자기 아이가 상처를 받았으니 사과하고 자녀 교육을 잘 시키라는 내용이었다.

어머니는 딸아이가 그런 메일을 쓸 리 없다고 생각해 확인하니, 맹세코 그런 내용을 보내지 않았다고 했다. 그래서 친구 엄마에게 우리 딸아이는 그런 내용의 메일을 보내지 않았고 메일 주소도 알지 못한다고 전했다. 친구 엄마는 믿기는커녕 오히려 거짓말을 한다고 쏘아 붙였다. 결국 두 어머니가 크게 싸우고 말았다. 친구 엄마는 확인하지도 않고 딸아이가 보낸 것으로 단정지었다. 어머니는 억울하기도 하고 화도 나서 진실을 밝히기 위해 경찰서를 찾아갔다. 담당 경찰이 확인해 보니 메일은 해킹당한 것이었다. 어느 PC방에서 언제 작성되었는지 밝혀져서 오해는 풀었지만 그 일로 큰 상처를 받았다.

분노를 조절하는 다섯 가지 방법

그렇다면 화나는 감정을 참기만 해야 할까? 아니면 자기 감정대로 쏟아내야 할까? 화는 참는 것이 아니라 조절하는 것이다. 분노를 조절하는 방법은 크게 다섯 가지다.

가장 먼저 할 일은 자신의 감정을 인식하는 것이다

화가 나면 몸에서 어떤 반응들이 나타나는데, 그것을 신체 중상이라고 한다. 화가 나는 신체 증상은 개인별로 다르다. 심장이 빠르게 뛴다거나 얼굴이 붉어지고 근육이 경직되며, 말이 빨라지면서 목소리가 커지기도 한다. 심하면 온몸이 부들부들 떨린다. 이러한 증상이 느껴지면 화가 났음을 재빨리 알아차리고 감정을 조절한다.

자신이 화가 났다는 사실을 인지했다면 그다음으로는 화나는 감정을 멈추어야 한다

일단 심호흡을 하면 분노를 멈출 수 있다. 아무것도 하지 않고 숨 쉬는 것에만 집중한다. 우리는 살아 있는 동안 단 한순간도 숨을 멈추지 않는다. 매 순간 숨을 쉬지만 평소에는 숨을 쉬고 있다는 것을 의식하지 못한다. 전문가에 의하면 신생아는 1분에 약 50회, 5세 유아는 약 25회, 성인은 약 20회 전후로 숨을 쉰다고 한다. 성인이 숨을 한 번 쉬는 데 약 3초 정도 걸리는 셈이다.

시간과 장소가 허락된다면 편안한 자세로 앉아 조용히 눈을 감는다. 천천히 코로 깊은 숨을 들이쉬고, 멈추었다가 입으로 다시 서서히 그리고 길게 내쉰다. 이렇게 한 번에 약 10초 동안 호흡한다. 긴장완화 훈련에서는 이것을 10초 호흡법이라고 하는데, 약 3~5회 정도 반복한다. 상황이 허락하지 않는다면 그 자리에 그대로 서거나 앉아서 호흡만 제대로 해도 화가 많이 누그러진다.

공간을 바꾸는 것도 좋다. 거실에서 부부싸움을 했다면 방이나 화장실로 옮기고, 반대로 방에서 싸웠다면 거실로 장소를 옮긴다. 잠시 밖으로 나갔다 들어오는 것도 좋다. 직장에서 어떤 일로 화가 난다면 화장실에 가거나 복도를 잠시 걷는 것도 좋다. 여기서 중요한 것은 '오늘은 여기까지만 하자' 하고 '타임아웃(time out)'을 선언하는 것이다. 각자 다른 장소로 이동해서 자신이 왜 화가 났는지 먼저 생각해 보면서 천천히 호흡하면 매우 효과적이다.

오래전 다니던 직장 동료에게 크게 화가 난 적이 있다. 심장이 빨리 뛰기 시작했고 얼굴이 붉어지며 온몸이 부들부들 떨리기까지 했다. 그 자리에 계속 있으면 화가 멈추지 않을 것 같아 일단 화장실에 가서 심호흡을 반복했다. 그러자 신체 증상들이 완화되고 감정 정리가 되어 자리에 돌아와 하던 업무를 계속할 수 있었다.

아무도 없는 공간에서 화나게 한 상대에게 하고 싶은 말을 한다. 상대방이 앞에 있다 생각하고 혼자 이야기하는 것이다. 앞에서도 말했듯이 갑자기 끼어든 차량으로 인해 위협감을 느껴 화가 났다면 "당신만 바쁜 게 아니라 나도 바쁩니다"라든가, "아, 깜짝이야. 깜박이를 켜고 들어오면 덜 놀라잖아요"라고 혼잣말을 한다. 그러면 갑자기 고조되었던 감정이 안정된다.

자신이 화가 났음을 상대에게 알린다

마지막으로 위의 네 가지 방법보다 더 중요한 것이 있다. 나를 화나게 한 상대에게 직접 말하는 것이다. 상대방이 나를 비난했다면 "더 이상 비난하지 마세요", 무시하는 투로 말했다면 "저를 무시하는 그런 말투는 삼가주세요"라고 정확히 말한다. 그리고 "하고 싶은 말이 있으면 좋은 말로 해주세요"라고 당당하게 요구한다.

감정 버튼을 알면 조절할 수 있다

7세 아들에게 매일 화를 낸다는 여성을 상담한 적 있다. 하나밖에 없는 소중한 아이에게 왜 그렇게 화가 나는지 자신도 잘 모르겠다고 했다. 또 남편이 자신을 무시하는 것 같은 태도를 보일 때 너무 화가 난다고 했다. 그 여성은 상담 과정에서 자신이 가장 싫어하는 남편의 모습이 아들에게서 발견될 때 화를 낸다는 사실을 알게 되었다. 아들에게 문제가 있는 것이 아니라 자신의 감정이 문제라는 것을 깨닫고 아들에게 화를 덜 내게 되었다. 화가 나는 원인을 알고 나서 스스로 감정을 조절하게 된 사례다.

이처럼 자신의 감정 버튼이 어디 있는지 알면 화가 나는 감정을 조절할 수 있다. 위협감을 느꼈을 때, 욕구가 좌절되었을 때, 무시나 비난을 받았을 때, 열등감을 건드렸을 때, 또는 인정 욕구가 채워지지 않았을 때, 오해받았을 때 등등 감정 버튼은 각자 다르다. 이외에 다른 이유도 있을 것이다. 나의 감정 버튼이 어디 있는지 알면 그 버튼이 눌려지지 않도록 사전에 차단할 수 있다. 평생 화를 안 내고 살 수는 없다. 그리고 화를 안 내는 것이 좋기만 하다고 말하기도 힘들다. 그러나 나의 감정을 잘 조절하고 사는 것과 모르고 사는 것은 큰 차이가 있다. 감정 버튼을 아는 것이 중요한 이유다.

교정 말고,
해결책 말고 공감!

"고민을 털어놓을 때마다 꼭 내 잘못이 되어 돌아와요"

부모와 자녀 간의 갈등으로 상담실을 찾는 사람들이 갈수록 늘어나고 있다. 그런 경우 대부분 서로 상대방이 문제라고 말한다. 부모는 아이가 문제라고 하고, 자녀는 '우리 엄마는 내 마음을 너무 모른다'고 호소한다. 부모는 아이의 문제행동들을 나열한다. 그리고 그 문제행동을 하지 말라고 반복해서 이야기해도 '아이가 말을 듣지 않는다'고 하소연한다.

아이는 아이대로 우리 엄마는 내 마음을 너무 모르고 이해하려고 하지 않는다며 '엄마는 이거 해라, 저거 해라 잔소리만 하고 본인이 하고 싶은 말만 한다'고 하소연한다. 서로 상대의 마음을 이해하려고 하지 않으니 답답하기만 하다.

엄마와 함께 온 여중생이 있었다. 여학생은 상담실에 들어오자마자 엉엉 울면서 "선생님, 저는 단 한 번도 엄마에게 마음의 위로를 받아본 적이 없어요"라고 말했다. 무슨 말이냐고 물으니, 자기관리가 철저하고 똑똑하고 능력 있는 커리어 우먼인 엄마가 같은 여자로서 정말 존경스럽지만 지나치게 완벽하고 이성적이어서 차갑게 느껴지고, 딸의 마음이나 감정에는 관심이 없어서 엄마가 아닌 것 같은 때가 자주 있다고 했다. 아이는 잦은 이사와 전학으로 친구들이나 학교생활에 적응하기 힘들어 엄마에게 고민을 털어놓았다. 그런데 엄마가 위로와 격려는 해주지 않고 "네가 지금 그런 감정에 시간을 소비할 때니? 공부에 집중해 봐. 친구 관계를 고민할 새가 있나. 그리고 성적만 좋으면 학교생활에는 자연히 적응하게 되어 있어"라고 말해서 크게 충격받았다고 했다.

아이가 바란 것은 "네가 새로운 환경에 적응하느라 많이 힘들구나!" 하며 자신을 위로해 주는 따뜻한 말, 그리고 따뜻하게 안아주는 것이었다. 그런데 오히려 채근하며 공부에 집중하라는 목표 지향적 이야기만 하니 엄마에게 말하고 싶은 마음이 생기지 않았다. 무슨 고민을 털어놓을 때마다 늘 엄마에게 혼이 나고 마치 잘못한 것 같은 죄책감이 들어서 마음을 닫아버린다는 것이다.

여중생은 이렇게 말했다.

"우리 엄마가 내 마음을 이해해 주면 좋겠어요."

서로 반대 방향으로 달리는 정서

두 모녀의 이야기를 듣고 매우 안타까웠다. 정서적으로 매우 민감한 성향의 딸과 지극히 이성적이고 철저한 성향의 어머니는 사소한 일에도 마찰을 빚을 수밖에 없다.

엄마가 딸에게 공부에 집중하라고 한 것은 아이의 인생에서 가장 중요한 것이 무엇인지 강조하고 싶어서였을 것이다. 친구 관계의 어려움 역시 딸아이가 지나치게 감정적으로 빠져들어 별것 아닌 일에도 예민하게 받아들이는 성향 탓이라 시간이 지나면 자연스럽게 해결될 것이라고 생각했다. 그러나 엄마의 위로가 고픈 아이는 이런 엄마의 해결책이 달갑지 않았다. 결국 두 모녀는 딸아이가 사춘기에 접어들면서 사이가 더욱 벌어지고 말았다. 자신의 마음을 받아주고 이해해 달라고 호소해도 들어주지 않는 엄마와 딸 사이에는 마음의 벽이 갈수록 두터워졌다. 급기야 여학생은 자해 행위까지 하게 되었다. 두 모녀의 정서가 정반대라서 다른 모녀들보다 훨씬 심한 갈등을 빚은 사례였다.

극단적인 성향을 지닌 부모 자녀 사이가 아니더라도, 대개의 경우 부모 자식 간의 갈등은 서로의 요구와 마음을 몰라서 빚어지는 경우가 태반이다.

공감은 만병통치약

그렇다면 부모는 어떤 태도와 마인드를 가지는 것이 좋을까?

역지사지(易地思之)라는 말이 있다. 입장을 바꿔서 생각해 보라는 뜻이다. 같은 문제라 해도 나의 입장에서 보는 견해와 상대방의 입장에서 보는 견해는 서로 많이 다르다. 나의 관점으로는 도저히 이해할 수 없는 것들도 상대방의 관점에서 바라보면 '그럴 수도 있겠다'는 생각이 든다.

공감은 상대방의 관점으로 바라보고 슬플 때 함께 슬퍼하고, 아플 때 함께 아파하고, 기쁠 때 함께 기뻐해 주는 것이다. 엄마는 딸아이의 마음을 조금만이라도 들여다보았더라면 얼마나 힘든지 이해되었을 것이다. 아이의 입장에서 생각하고 마음을 함께 나누며 공감했더라면 자해 행위까지 하지는 않았을 것이다.

ADHD 진단을 받은 초등학생 아들을 둔 엄마가 있었다. 학교에서 친구들을 때리거나 괴롭힌 일로 담임선생님과 학부모들에게 여러 번 전화를 받았고, 학교폭력위원회까지 열리는 상황에 이르렀다. 엄마는 답답하고 힘들어서 친구들과 주변 지인들에게 마음을 털어놓았다.

그런데 주변 사람들은 "지금 직장을 다닐 때가 아니라, 자식 돌보는 것이 더 중요한 것 아니야?"라며 오히려 마음에 큰 상처를 주었다. 엄마는 주변에서 자신을 위한답시고 해주는 말들이 전혀 도움이 되지 않는다고 고백했다. 섣부른 간섭과 해결책들은 오히려 자신이 잘못하고 있다는 비난으로 느껴졌다. 자신의 마음을 이해해 주는 사람이 아무도 없다는 절망감에 '죽고 싶었다'고 했다.

당사자에게 필요한 것은, "너 얼마나 힘드니? 많이 속상하겠다"라는 짧은 공감의 한마디다. 상대방을 생각한다면서 하는 말들이 힘이나 위로가 되기보다는 가시처럼 오히려 마음을 찌르는 경우가 많다.

그날 밤, 딸아이가 바랐던 것

중년 여성의 고백이다. 딸아이가 첫 직장에 들어간 지 얼마 되지 않았을 때의 일이다. 귀가 시간이 훨씬 넘었는데 오지 않아서 전화해 보니 딸아이는 집에 들어오지 않고 아파트 단지 내 놀이터에 있다고 했다. 엄마가 나가보니 딸아이는 그네에 앉아 울고 있었다. 왜 우느냐고 물으니 상사의 괴롭힘이 너무 힘들다고 호소했다. 지시한 대로 일을 해놓으면 '이 따위로 해놓았느냐?', 인사하면 '왜 인사를 지금 하느냐', 인사를 안 하면 '왜 인사하지 않느냐' 하면서 매일 사사건건 트집 잡고 괴롭혀서 출근하는 것이 무섭다며 더 이상 직장을 다니지 못하겠다고 했다.

엄마는 화가 났다. 남들이 다 부러워하는 대기업인데 조금 힘들다고 그만두면 아깝지 않냐는 것이었다. 조급해진 엄마는 해결 방법을 찾아준답시고 "너도 상사에게 덤벼. 가만히 있으면 안 돼!"라고 말했다. 그런데 엄마의 말을 잠자코 듣고 있던 딸은 볼멘소리로 이렇게 대꾸했다.

"엄마, 내가 듣고 싶은 말은 그런 게 아니야. '딸, 얼마나 힘들었니? 얼마나 힘들면 그런 생각을 하면서 집에 들어오지도 않고 여기서 이렇게 울고 앉아 있니' 하는 위로지. 그냥 날 꼭 안아주면 안 돼?"

딸의 말을 들은 엄마는 그제야 비로소 자신이 잘못 생각했음을 알았다. 어렵게 들어간 회사를 딸도 포기하고 싶지는 않을 것이다. 딸은 그저 그날 밤, 엄마의 위로와 공감이 필요했던 것이다. "그랬구나. 오늘 많이 힘들었구나" 하면서 힘껏 끌어안아주기만 하면 되었다. 그것이야말로 '너는 그 자체로 소중한 존재야'라는 존중의 표현이자 '어떤 상황이 올지라도 너를 사랑해'라는 몸의 언어이다.

공감은 죽고 싶은 사람도 살리는 힘이 있다

정신건강의학과 정혜신 박사는 《당신이 옳다》(해냄, 2018)에서 "공감은 사람을 살리는 결정적이고 가장 강력한 힘"이라고 밝혔다. 공감은 꽁꽁 얼어붙은 마음도 봄눈 녹듯이 녹이는 힘이 있다. 죽고 싶고 삶을 포기하고 싶을 때 자신의 마음을 이해해 주고 알아주고 함께 나눌 수 있는 단 한 사람만 있어도 절대 삶을 포기하지 않는다고 한다. 사랑하는 가족에게, 친한 친구에게, 어려움을 겪고 있는 직장 동료에게 따뜻한 공감의 말 한마디는 사람을 살리는 힘이 있다.

오래전 힘든 일이 있어서 친구에게 용기 내어 마음을 터놓고 이야기했는데 그 친구는 "야, 그래도 너 정도면 감사하며 살아야 돼" 하면서 감사해야 할 일들을 하나하나 늘어놓았다. 그날 밤 나는 화가 나서 한숨도 자지 못했다. '그래, 너 정말 힘들겠다. 그런데 어떻게 그렇게 잘 견디고 있니? 네가 대견하구나!' 난 이런 말을 듣고 위로받고 싶었다. 하지만 기대와 달리 내게 돌아온 것은 선생님처럼 지시하듯 던지는 해결 방법이었다.

해결 방법을 제시하면 상대방은 오히려 마음을 닫아버린다. 누군가 나에게 마음을 표현할 때 나의 입장에서 생각하기보다 상대방의 입장에서 생각해 보면 된다. 해결책이 아닌 상대방의 마음을 읽어주는 것 그리고 그 마음에 그대로 반응해 주는 것이 바로 공감이다. 공감에는 강력한 에너지와 힘이 있다.

Chapter
4

우리의 관계는
여기까지입니다

껍데기는
가라

삶은, 달걀 까기다

삶은 달걀을 먹으려면 껍데기를 잘 벗겨야 한다. 삶는 방법에 따라 껍질이 잘 벗겨지기도 하고 그렇지 않기도 하다. 껍데기가 잘 벗겨지도록 달걀을 잘 삶는 방법이 있다. 달걀은 삶는 시간에 따라 반숙과 완숙의 정도가 다르다.

내가 좋아하는 반숙으로 삶는 방법은, 먼저 깨끗이 씻은 달걀을 찬물에 넣고 약간의 식초와 소금을 넣어 중불에 약 13분 정도 삶는 것이다. 삶은 후 곧바로 흐르는 찬물에 20~30초 담갔다 꺼내면 껍데기가 잘 벗겨진다.

나는 아침마다 반숙 달걀을 하나씩 먹는데, 그때마다 삶은 달걀을 먹을 때마다 껍데기를 벗기는 일이 가장 큰 과제다. 달걀은 단단한 겉껍질 속에 얇은 속껍질이 보호막처럼 덮여 있다. 겉껍질과 속껍질은 외부의 충격으로부터 보호하는 역할을 한다. 어느 날 아침 달걀 껍데기를 벗기면서 어쩌면 달걀과 사람들의 마음이 서로 닮았다는 생각이 들었다. 겉으로는 단단한 것처럼 보여도 대화를 나눠보고 살아가는 모습을 지켜보면 한없이 연약한 존재다. 마치 삶지 않은 달걀은 살짝 부딪치기만 해도 깨져서 줄줄 흘러버리는 것처럼 말이다.

그러나 잘 삶은 완숙 달걀은 껍데기를 벗겨내도 형체가 흩어지지 않고 온전하게 보존되어 있다. 사람도 마찬가지다. 속마음이 단단하고 성숙한 사람은 삶에서 어떤 어려움이 닥치거나 타인과의 관계에서 힘든 일이 생겨도 유연하게 갈등을 잘 풀어간다. 하지만 어린 시절부터 보호받지 못하거나 사랑받지 못해 상처가 많으면 연약한 마음이 드러날까 봐 두려워서 상대방이 다가올 때 방어막을 먼저 세우거나 상대방을 공격해 관계를 망가뜨리는 경우를 흔히 볼 수 있다.

그를 싸고 있던 단단한 껍데기는 무엇이었을까

실제로 상담실에서 만나는 사람들과 상담을 하다 보면, 어린 시절부터 상처를 많이 받아 자기도 모르게 마음의 보호막을 치고 있는 경우가 많다. 약한 내면을 꽁꽁 감추려고 두꺼운 보호막으로 가리는 것이다.

4세 아들을 둔 30대 초반 남자가 상담실을 방문했다. 그는 부부싸움이 잦고 그때마다 아내에게 폭력을 가한다고 고백했다. 언어폭력은 물론 신체 폭력까지 하게 되자 스스로 너무 불안하고 자신이 무슨 짓을 저지를지 무섭다고 했다. 자신은 아내와 아이에게 폭력을 쓰고 싶지 않은데 자신도 모르게 습관적으로 하게 된다는 것이었다. 자신이 왜 그런지는 모르겠다고 했다.

사실 그는 상담실에 들어와서도 팔짱을 끼고 다리를 꼬고 옆으로 삐딱하게 앉아서 약간 째려보며 '무슨 말이든 할 테면 해봐!' 하는 태도를 보였다. 상담자로 마주 앉아 있는 나도 '무슨 말을 어떻게 꺼내야 할까?' 고민했다. 어떻게 해야 그의 마음을 열 수 있을까 생각한 끝에 카드 사진을 테이블에 펼쳐놓고 1장만 선택하라고 했다. 그는 잘 차려진 밥상 카드를 선택했다.

나는 그를 바라보며 "어머니의 따뜻한 밥상이 그리우시군요!" 라고 마음을 읽어주었다. 그러자 그의 눈에서 눈물이 왈칵 쏟아지더니 꺼이꺼이 울기 시작했다. 한참 울고 난 후 마지막 눈물을 닦는 그에게 "혹시 밥상과 관련된 아픈 기억이 있으세요?"라고 물었다. 그는 "엄마에게 이런 밥상을 한 번도 받아본 적이 없어요"라고 대답했다.

어린 시절 그는 늘 무시당하고 업신여김을 당하며 성장했다. 아버지가 그에게 지속적이고 반복적으로 폭력을 가하는 동안 어머니는 자신을 보호해 주지 않았다. 자신이 힘이 없어서 부모님에게 폭력을 당하며 보호받지 못한다는 생각이 들었다. 그래서 자기도 모르게 강해야 한다는 강박관념을 지니고 살았다. 다른 사람 앞에서 무조건 센 척해야 무시받지 않고 함부로 대하지 못한다고 생각했다. 사회생활을 하면서도 작은 갈등 상황이나 조금이라도 불편한 관계에 놓이면 무조건 큰소리치고 화를 내는 습관이 생겼다. 결혼 후에 그 습관은 더 자주 그리고 더 크게 드러나 부부 사이마저 힘들었다.

그는 '무시와 비난 그리고 폭력을 당하지 않으려면 강해야 한다'는 신념을 보호막처럼 지니고 살아왔다. 그는 타인에게 먼저 다가가지 않고 누군가 자신에게 다가오면 방어하거나 공격을 먼저 한다고 했다.

나는 그에게 어머니를 용서하는 과정에 대해 안내했다. 그렇게 해서 이제 그만 마음에서 떠나보내야 한다고 말이다. 성인이 된 지 10년이 넘은 지금까지 어머니의 영향을 받아서는 안 된다. 더구나 선한 영향도 아니고 부정적인 영향이라면 더더욱 결별해야 한다.

그동안 부모로부터 정신적으로 독립하지 못한 숱한 성인들을 많이 만나왔다. 결혼하고 가정을 이루었으면서도 여전히 어머니의 부정적 정서에서 벗어나지 못한 아이 같은 어른들이다. 어린 시절 자기에게 상처를 준 부모의 부정적 정서가 자신의 인생을 좌지우지하도록 내버려두지 말자.

드림킬러를 '킬'하자

좋은 관계란 서로 좋은 에너지를 주고받을 수 있는 사이다. 상대방에게 일방적으로 에너지를 빼앗긴다면 좋은 관계라 할 수 없다. 관계의 균형이 무너졌기 때문이다

프랑스의 정신과 의사 스테판 클레르제(Stephane Clerget)는 《기운 빼앗는 사람, 내 인생에서 빼버리세요》(이주영 역, 위즈덤하우스, 2019)에서 부정적인 말로 다른 사람의 꿈을 방해하거나 상처 주는 사람들을 '드림킬러'라고 칭한다. 이런 사람은 만나서 이야기할수록 이상하게 기운이 빠지고 괜히 답답한 감정이 들게 된다. 클레르제는 드림킬러들이 가지고 있는 다섯 가지 특징을 다음과 같이 설명했다.

첫째, 만나면 이상하게 기운이 빠지고 기분이 좋지 않다.

둘째, 자꾸만 상대의 말을 들어줘야 할 것 같고 눈치를 보게 된다.

셋째, 함께 있으면 자꾸 힘이 빠지고 우울한 감정이 든다.

넷째, 자기가 필요할 때만 연락하고 정작 내가 필요할 때는 외면한다.

다섯째, 타인을 비판하고 자기 잘못은 절대 인정하지 않는다.

또한 그는 책에서 기운을 빼앗는 사람을 '멘탈 뱀파이어'라고 묘사한다. 그는 "멘탈 뱀파이어 같은 잘못된 관계에서 벗어나는 것

은 단단하게 나를 지켜내는 용기다"라고 했다.

우리는 누구나 함께하는 사람들과 좋은 관계를 맺기를 바란다. 그러나 뜻하지 않게 인생에서 멘탈 뱀파이어들을 종종 만나게 된다. 누군가와 이야기를 나눌수록 내 인생에 악영향을 주는가? 그렇다면 나를 지키기 위한 방법으로 책 제목처럼 내 인생에서 빼버리는 방법을 추천한다.

표현하지 않은 감정은 절대 없어지지 않는다

프로이트는 "표현하지 않은 감정은 절대 죽지 않는다. 산 채로 묻혀서 나중에 더 추악한 모습으로 등장한다"라고 했다. 사람의 감정은 아무리 단단한 껍데기로 꽁꽁 싸매두어도, 생각지 못한 엉뚱한 모양으로 둔갑해 전혀 다른 곳에서 더 크게 나타난다. 단단한 겉껍데기와 얇은 보호막이 감싸고 있는 달걀도 작은 충격에 쉽게 깨져버리는 것처럼 말이다.

우리는 살아가면서 어쩔 수 없이 겪어야 하는 고통, 털어버리기 힘든 상처, 피할 수 없는 갈등을 만난다. 고통스럽고 힘든 상황에서 상처 입지 않으려고 보호막을 형성한다. 고통이나 상처에 대처하기 위한 일종의 마음 도구인 셈이다.

마음의 상처를 받지 않고 건강한 관계를 만들기 위해서는 자신의 감정을 잘 인식하고 수용하고 욕구를 건강하게 표현해야 한다. 소중한 사람들과 좋은 관계를 가로막는 두꺼운 껍데기, 연약한

160

속이 드러날까 봐 두려워서 한 번 더 감싸고 있는 얇은 보호막까지 모두 벗겨야 한다. 있는 그대로의 모습, 속마음을 솔직하게 보여주는 진실한 모습에서 좋은 관계가 만들어진다.

사랑이라는 이름으로 나를 깎아먹거나 살찌우거나

"다 너를 사랑해서 그런 거야, 너를 위한 거야"

40대 중반 전문직 남성의 이야기다. 부모님에 대한 원망과 분노를 어떻게 해야 할지 몰라서 상담실을 찾아왔다. 외아들인 그의 아버지는 사업을 하시고 어머니는 고등학교 수학교사였다. 아버지는 교육에 무관심한 반면 어머니는 학업 성적을 매우 중시했다. 성공하기 위해서는 무조건 1등을 해야 한다고 강요했다. 그는 초등학교 때부터 1등을 하지 못하면 전 과목에서 틀린 숫자만큼 맞았다. 맞는 것이 죽기보다 싫어서 밤을 새우며 공부할 수밖에 없었다.

자기 마음대로 한 일이 지금까지 한 가지도 없었다. 놀고 싶을 때 놀지 못하고 여행 가고 싶을 때 여행 가지 못했다. 대학교와 전공학과도 어머니가 정해준 대로 선택해야 했다. 결국 어머니의 목표대로 일류 대학 의학과에 합격했다. 어머니가 원하는 전문직 의사가 되기 위해서였다. 그뿐만이 아니다. 자신이 사랑하는 여성과 결혼하지 못하고 어머니가 정해준 여성과 결혼해야 했다.

그 남성은 공부 외에 다른 경험이 많지 않아서 대인관계도 서툴렀다. 다른 사람과 어떻게 관계를 맺어야 하는지를 잘 몰랐다. 어머니가 정해준 여성과 결혼했지만 아내와의 관계도 좋지 않았다. 결혼생활이 행복하지 않은 것은 당연했다. 성인이 되어서까지 스스로 결정할 수 있는 것이 아무것도 없었다. 어떤 상황에 부딪혔을 때 어떻게 해야 할지 문제 해결 능력도 없다. 그래서 자신은 너무 불행하다고 호소했다. 자신의 불행은 모두 어머니로 인한 것이라고 생각하며 어머니를 원망하는 마음으로 가득 차 있었다. 남성은 얼마나 분노가 가득한지 때로는 운전하고 가면서 '전봇대를 확 들이받고 싶다'는 생각이 든다고 했다.

어느 날 어머니에게 "왜 이렇게 날 힘들게 하느냐?"라고 따져 물었다. 어머니는 "다 너를 위해서 그런 거야. 너를 사랑하니까"라고 했다.

사랑한다는 이유로, 사랑이라는 이름으로 어머니는 아들의 인생에 지나치게 개입하고 간섭해 아들을 불행하게 만들었다. 어머니는 아들을 불행하게 만들려고 1등을 강요하며 때리지는 않았을 것이다. 어머니는 하나밖에 없는 아들이 성공해서 행복하게 잘살기를 누구보다 바라고 기대했을 것이다. 아들의 행복을 위해 아들의 삶을 완벽하게 세팅해 주려고 했던 것뿐이다. 그것이 어머니의 사랑이었던 것이다.

충분히 좋은 엄마

영국의 소아과 의사 위니컷은 '가장 좋은 어머니는 완벽한 어머니(perfect mother)가 아니라 충분히 좋은 엄마(good enough mother)'라고 했다. 그가 말하는 충분히 좋은 엄마는 자녀의 요구를 다 들어주고 모든 것을 완벽하게 채워주는 엄마가 아니다. 아이가 원하는 요구를 가장 적절하게 들어주고 정서적으로 안정감을 갖도록 안아주고 지지해 주는 엄마이다. 적절한 좌절도 경험할 수 있도록 해주어야 한다는 의미다.

적절한 좌절이란 예를 들어 아이가 장염에 걸려 설사를 계속하고 있는데 아이스크림을 사달라고 조르면 곧바로 사주는 것이 아니라, "장염에 걸려서 찬 것을 먹으면 안 되니 다 낫고 나면 사줄게. 지금은 안 돼"라고 단호하게 말하는 것이다. 이때 아이스크림을 먹고 싶은 아이의 욕구는 좌절된다. 이러한 좌절의 경험이 상황과 환경에 적응하는 데 도움이 된다. 안 되는 것은 안 된다는 것을 좌절을 통해 학습한다.

엄마에게 자녀들은 정말 소중한 존재다. 오죽하면 '눈에 넣어도 아프지 않다'는 표현까지 있을까? 불면 날아갈까 애지중지 키운다. 그러나 간섭은 사랑이 아니다. 그것은 사랑이라는 가면을 쓴 억압이자 강요일 뿐이다. 전문직 남성의 불행을 그 엄마가 의도했

을 리가 없다. 그런데 아들은 전혀 행복하지도, 만족하지도 못한
삶을 살고 있다.

아버지라는 이름

서울의 한 구치소에서 가정폭력 가해자를 위한 치료 프로그
램을 3일간 진행할 때의 일이다. 원가족 탐색을 하는데, 조용히 눈
감고 각자 어린 시절 아버지와의 관계에서 기억나는 일을 떠올려
보라고 했다. 그리고 인순이의 노래 〈아버지〉를 작게 들려주었다.

> 한 걸음도 다가설 수 없었던
> 내 마음을 알아주기를
> 얼마나 바라고 바라왔는지
> 눈물이 말해준다 (중략)
> 서로 사랑을 하고 서로 미워도 하고
> 누구보다 아껴주던 그대가 보고 싶다
> 가까이에 있어도 다가서지 못했던
> 그래 내가 미워했었다

여기까지 듣고 나서 10여 명의 참가자 가운데 한 남성이 갑자
기 오열하기 시작했다. 그러자 분위기가 숙연해졌다. 노래가 끝나
도록 한참을 소리 내어 울던 남성이 울음을 그칠 때까지 조용히 기

다렸다. 진행자인 나는 그 남성에게 "혹시 지금 흘린 눈물의 의미를 이야기해줄 수 있을까요?"라고 조심스럽게 물었다. 남성은 격한 감정을 가라앉히고 "노래 가사가 제 마음을 그대로 표현한 것 같아요"라고 했다. "어떤 의미일까요?"라고 다시 묻자 그는 어린 시절의 이야기를 시작했다.

아버지는 아들을 잘 키워야 한다는 강한 책임감을 가지고 있었다. 그래서 아들을 매우 엄하게 키웠다. 성인이 될 때까지 아버지에게 '잘했다'는 칭찬을 한 번도 들어본 적이 없다. 어린 아들은 단 한 번만이라도 아버지가 칭찬해 주기를 바랐다. 아버지는 아들에 대한 기대치가 너무 높았다. 그러나 자신은 아버지의 기대치를 한 번도 충족하지 못해 늘 꾸중을 듣고 툭하면 맞는 게 일이었다. 아들은 아버지를 사랑하고 존경하고 싶었으나 미워할 수밖에 없었다. 심지어 '차라리 아버지가 없으면 좋겠다'고 생각한 적도 많았다. 그런데 아버지가 생각보다 일찍 돌아가셨다. 그래서 마음대로 미워하지도 못했다.

그 남성에게 다시 조용히 눈을 감고 마음속으로 아버지를 이 자리에 초청해 보라고 했다. 그리고 아버지에게 마음을 열고 하고 싶었지만 하지 못했던 말을 해보라고 했다.

나는 그가 하고 싶은 말을 털어놓도록 유도했다. 그러자 그가 말했다. "아버지, 그때 저한테 왜 그렇게 인색하셨어요? 저는 아버지의 칭찬 한마디가 너무도 그리웠어요." 울음을 삼키며 하고 싶은 말을 하고 난 뒤 그 남성은 속이 후련하다고 했다. 엄한 아버지에게 마음을 열지 못하고 속으로만 켜켜이 쌓아왔던 말들을 쏟아냈다. 독일의 철학자 헤겔은 "마음의 문을 여는 손잡이는 안쪽에만 달려 있다"라고 했다.

그렇다. 상처받아 얼어붙은 마음은 그 누구도 열어줄 수 없다. 헤겔의 말처럼 마음의 문을 열 수 있는 문손잡이는 안쪽에만 있기에 자기 스스로 열어야 한다. 그리고 자기 마음을 표현해야 한다. 이 남성은 그날 처음 스스로 마음의 문을 열고 아버지에게 하지 못했던 말을 했다.

상처를 허락해도 되는 관계는 없다

독일의 심리학자 바르벨 바르데츠키(Barbel Wardetzki)는《너는 나에게 상처를 줄 수 없다》(걷는나무, 2013)에서 "누군가 나의 마음을 상하게 하는 것을 그냥 덮고 지나가지 마라. 사랑한다고 해서, 나이가 많고 직위가 높다고 해서 상대가 나를 마음대로 휘두르게 해서는 안 된다. 그러니까 내가 허락하지 않는 이상 '너는 나에게 함부로 상처 줄 수 없다'는 단단한 마음을 갖고 삶을 헤쳐 나가길 바란다"라고 했다. 그의 또 다른 책《사랑한다고 상처를 허락하지 마라》(다산초당, 2019)에서는 '상처를 허락해도 되는 관계는 없다'고 했다. 친구든 연인이든 설령 가족이라 해도 말이다.

상처 주는 것을 내버려두면 그 상처가 나를 공격하고 상대방이 그릇된 행동을 계속하게 된다. 부모나 연인, 배우자라 할지라도 나에게 계속 상처 주고 그런 행위를 멈추지 않는다면, 관계를 처음부터 다시 진지하게 생각해 보아야 한다. 그 생각의 주도권은 언제나 '나여야 한다'는 사실을 반드시 기억하자.

부탁과 요구는 한 끗 차이다

"아저씨, 저 버스표 한 장만 사주실 수 있을까요?"

살다 보면 다른 사람에게 부탁해야 하는 상황을 만날 때가 있다. 나에게도 너무나 절실하고 간절히 부탁해야만 했던 어린 시절의 기억이 있다. 고등학교 2학년 겨울방학을 며칠 앞두었을 즈음이다. 사는 곳이 시골이어서 필요한 물건이 있으면 기차를 타고 멀리 시내에 있는 시장까지 나가야 했다. 시골에는 버스가 다니지 않아서 고등학생이었던 나는 시내에서 혼자 버스 타는 것이 서툴렀다. 학교 수업을 마치고 엄마와 시내의 시장에서 만나기로 약속했다. 엄마는 집에서 기차를 타고 가고 나는 학교에서 바로 버스 터미널로 가서 직행버스를 타려고 했다.

그런데 그날따라 담임선생님의 종례가 길어져서 버스 시간이 촉박했다. 12월 추운 겨울이었는데 등에 땀이 나도록 터미널을 향해 뛰어갔다. 그런데 터미널 입구에 도착하자마자 직행버스 한 대가 막 출발하고 있었다. 일단 나는 어디로 가는 버스인지 확인하지도 않고 손을 들어 버스를 세우고 올라탔다. 그런데 40여 분 후 도착한 곳은 목적지와는 정반대 방향의 엉뚱한 도시, 한 번도 가보지 않은 큰 도시였다.

겨울이어서 벌써 밖은 어둑해졌다. 등에서 땀이 주르륵 흐르고 얼굴은 홍시처럼 붉어졌다. 당황했다기보다 공포감이 몰려왔다. 내게는 단돈 10원도 없었고 어떻게 집으로 가야 할지도 모르는 정말 난감한 상황이었다. 잘못하면 터미널에서 밤을 지새우고 다음 날 학교도 가지 못할 것 같아 무서웠다.

그래서 용기를 내서 처음 보는 어른에게 차표 한 장을 사달라고 부탁하기로 마음먹었다. 표를 사기 위해 줄 서 있는 어른들의 인상을 보고 조금이라도 후덕할 것 같은 분에게 다가가 떨리는 입술로 태어나서 처음으로 울먹이며 어려운 부탁을 했다.

"선생님, 저 버스표 한 장만 사주실 수 있을까요? 제가 엄마와 만나기로 했는데 버스를 잘못 타서 다른 곳으로 오게 되었어요. 집으로 가야 하는데 버스비가 없어요."

"그렇구나. 아저씨가 사주마. 울지 마라."

다행히 아저씨는 단정하게 교복 입은 어린 여학생이 간절한 표정으로 울먹이며 부탁하자 진정성이 느껴졌는지 차마 거절하지 못하고 표를 사주겠다고 했다. 게다가 긍휼한 마음이 들었는지 위로까지 해주셨다. 집에 가서 부모님께 말씀드려 차비를 갚겠다며 연락처를 알려달라고 했다. 그러나 아저씨는 "괜찮다. 나중에 훌륭한 사람이 되면 그것으로 됐다"라며 따뜻한 마음을 전해주고 가셨다. 인심 좋은 아저씨 덕분에 무사히 집으로 돌아갔던 기억이 지금도 생생하다.

부탁은 강요가 아니다

부탁의 사전적 의미는 '어떤 일을 해달라고 맡기거나 청함'이다. 다시 말하면 부탁은 내가 필요해서 상대방에게 도움을 청하는 것이다. 부탁은 최대한 예의를 갖춰 겸손하게 해야 한다. 부탁은 강요가 아니다. 내가 상대방에게 정중하게 부탁했을 때 상대방이 마지못해 짜증스럽게 들어주는 것이 아니라, 기꺼이 즐거운 마음으로 들어줄 수 있도록 말해야 한다. 그것이 올바른 부탁이다. 그래야 서로의 관계가 건강하고 오래 유지된다.

'가는 말이 고와야 오는 말이 곱다'는 속담이 있다. 내가 먼저 고운 말을 해야 상대방도 나에게 고운 말을 한다는 의미다. 좋은 말을 듣고 싶다면 내가 먼저 상대방에게 좋은 말을 해야 한다. 옳은 말을 하자는 것이 아니라 말투의 문제이다. 사람들은 상대방이 먼저 고운 말을 해주기를 기대한다. '네가 먼저 좋은 말로 해야 나도 좋은 말을 하지'라고 말하는 듯하다. 그러나 다시 한 번 기억하자. 내가 먼저 고운 말을 사용해야 상대방도 나에게 고운 말을 한다. '먼저' 가는 말이 고와야 '나중에' 오는 말이 곱다.

때로는 요청해야 할 때도 있다

요청의 뜻은 '필요한 어떤 일이나 행동을 청함'이다. 권리가 있는 사항이 아니다. 그러나 살다 보면 뭔가를 요청해야 할 일이 많다.

40대 남성에게 강력히 요청한 적이 있다. 가정폭력 행위자로 법원에서 상담 명령을 받은 내담자였다. 전화로 상담 이수 명령 내용을 안내하고 상담 일정을 정하는 과정에서 바빠서 시간이 없는데 "왜 나더러 오라 가라 하느냐?"라며 심한 욕설과 함께 폭언을 퍼부었다. 그날 태어나서 처음 듣는 욕설에 몹시 충격을 받았다.

첫 대면에서 그에게 욕설과 폭언을 사과하라고 요청했다. 요청은 권리와 당위성이 있는 것은 아니지만 사과가 필요하다는 생각이 들었다. 그래야 선입견을 가지지 않고 객관적으로 상담할 수 있음을 이해시키고 사과를 정중히 요청했다. 나의 강력하고도 분명한 요청에 남성은 진심으로 사과했고 상담은 성공적으로 진행되었다.

위로 두 살 많은 누나와 아래로 두 살 적은 여동생을 둔 초등학교 5학년 남자아이가 있다. 아이는 위아래 누이들로 인해 스트레스가 많았다. 누나는 남동생에게 모든 심부름을 시켰다. 수시로 "1,000원 줄 테니 아이스크림 사와"라고 부탁이 아닌 명령을 했다.

동생은 처음에는 누나가 시키는 일이니까 기꺼이 해줘야겠다고 생각했다. 그런데 거의 매일 반복되니 짜증이 나고 스트레스를 받기 시작하면서 누나와 자주 싸웠다.

삼남매 중 둘째인 남자아이가 상담실에 들어오자마자 말했다.

"선생님, 누나가 심부름을 너무 자주 시켜서 짜증 나 죽겠어요. 더이상 심부름하기 싫어요. 어떻게 하면 좋을까요?" 나는 때로는 당당히 요청할 줄 알아야 한다고 말했다.

"아이스크림은 누나가 먹고 싶은 거니까 앞으로는 누나가 직접 다녀오면 좋겠어."

아이는 이 말을 몇 번이나 연습하면서 반드시 누나의 면전에 대고 하겠다고 다짐했다. 그다음 주에 아이는 밝은 미소를 지으며 환한 표정으로 상담실에 들어왔다. 선생님 말대로 누나에게 스스로 하도록 요청했더니 이제 더 이상 아이스크림 심부름을 시키지 않는다고 했다.

요구는 힘이 세다

요구는 '받아야 할 것을 필요에 의해 달라고 청함'이다. 요청에 비해 요구가 좀 더 당위성이 있다. 자신의 권리를 정당하게 청하는 것이기 때문이다.

상대방이 무례하게 나를 대한다면 더 이상 무례한 행동을 하지 않도록 요구한다. 정서적 경계선도 넘지 않도록 요구해야 한다. 그렇지 않으면 계속해서 침범한다. 상대방이 인격적인 공격을 할 때도 그대로 두면 안 된다. 선을 넘지 않도록 정중하게 요구해야 한다.

가정이나 직장, 친구들에게도 부탁과 요청과 요구를 정확하게 구분해 서로에게 상처를 주거나 받지 않아야 한다. 특히 가정에서 부모님이 자녀들을 훈육하거나 책임감을 부여할 때 언어를 잘 선택하기를 바란다.

부탁과 요구를 잘하려면 어떻게 해야 할까? 부탁을 거절당하지 않으려면 상대방이 기꺼이 들어줄 수 있도록 말해야 한다. 무엇보다 부탁하는 사람의 태도가 중요하다. 말의 내용보다 비언어적 메시지를 잘 전달하고, 말은 정중하고 태도는 공손해야 한다. 강요하거나 명령처럼 들리면 기분이 상해서 부탁을 들어주고 싶은 마음이 들지 않는다. 부탁이나 요구를 할 때 올바른 대화법을 활용하면 더 효과적이다. 효과적으로 요구할 수 있는 올바른 대화법이란 '사실-감정-바람'(부탁 또는 요구) 순서로 말하는 것이다.

가정에서 흔히 일어나는 일을 예로 들면 이런 대화를 가상할 수 있다.

아내가 온종일 집에서 혼자 아이를 돌보느라 힘들고 지쳐 있는데 남편은 퇴근해서 아이를 돌봐주기는커녕 게임만 하고 있다면 '사실-감정-바람'의 순서로 대화를 나눈다.

"당신이 퇴근 후 아이를 돌보지 않고 게임만 하니까(사실) 속상해(감정). 퇴근 후에는 아이를 돌봐주면 좋겠어(바람)."

아내가 친구의 남편과 자신을 자주 비교한다면 "나를 친구의 남편과 자주 비교하니까(사실) 기분 나빠(감정). 다른 사람과 나를 비교하지 않으면 좋겠어(바람)."

이 내용을 정리해 보면 다음과 같다.

첫째, 정확한 사실을 근거로 말한다.

둘째, 자신의 감정을 솔직하게 말한다.

셋째, 자신이 진심으로 하고 싶은 말을 한다.

이런 방식의 대화법을 사용하면 아이와 부딪힐 일도 없다. 일례로 아이가 식사 시간에 밥을 제대로 먹지 않고 말없이 휴대폰만 보고 있다면 이렇게 말해보자.

"네가 식사 시간에 밥도 제대로 먹지 않고 말없이 휴대폰만 보니까(사실) 걱정이 돼(감정). 밥 먹을 때는 얼굴을 보며 함께 이야기하면 좋겠어(바람)."

상담실에서 매우 사소한 일로 가족끼리 갈등을 겪는 경우를 자주 본다. 그 사소한 것이란 말투와 말하는 태도이다. 위의 대화법을 제대로 활용하면 작은 갈등들은 매우 많이 줄어든다. 부부 상담이나 가족 상담에서 대화법 훈련을 통해 관계가 회복된 사례는 수없이 많다. 이 대화법은 가족뿐만 아니라 모든 관계에 적용할 수 있다. 나의 필요에 따라 요구해야 할 상황에서 당당하게 말할 수 있는 매우 효과적인 방법이다.

관계 점검은 필수

사람들과 관계를 맺으며 살아갈 수밖에 없는 사회에서는 부탁, 요청, 요구가 늘 따라다닌다. 내가 충분히 할 만한 부탁이고,

나는 상대의 부탁도 많이 들어줬는데, 상대가 핑계를 대며 거절한다면 상처를 받고 관계는 불편해진다.

할 말을 제대로 하지 못하고 상대의 요구를 들어주기만 해서는 안 된다. 내 요구를 들어주지 않고 거절하기만 한다면 건강한 관계라고 할 수 없다. 인격적으로 무시하고 일방적인 비난을 하며 거절만 일삼는 관계라면 한 번 점검해볼 필요가 있다.

가스라이팅?
가스라이팅!

상대를 무력화하는 사람들

잉그리드 버그만이 주연한 고전 영화 〈가스등(Gaslight)〉이 있다. 1944년 개봉한 이 영화는 곧 전 세계적으로 유명해졌다. 영화속 남자 주인공은 아내에게 거짓말을 반복하고 의도적으로 상황을 조작해 아내의 정신을 혼란스럽게 몰아 아내 스스로 자신이 인지 능력과 판단 능력, 사리분별이 떨어진다고 생각한다. 이처럼 끊임없이 상대방을 세뇌시키고 무력화시켜서 자신만을 의지하도록 만드는 정서적 학대를 '가스라이팅(gaslighting)'이라고 한다.

가스라이팅은 자기 스스로를 믿지 못하도록 불신을 조장하고 심리적으로 교묘하게 조작해 지배하려는 정서 폭력이다. 가스라이팅을 하는 사람을 가스라이터라고 하는데, 이들은 주로 "네가 잘못한 거야. 네가 잘하는 게 도대체 뭐가 있어? 네가 예민해서 그래"

등과 같은 언어폭력을 동반한다.

가스라이팅의 목적은 죄책감

가스라이팅의 가장 큰 특징은 가장 가까운 관계에서 일어나며 무의식적인 경우가 많아서 가해자와 피해자 모두 서로 알아차리기 어렵다는 점이다. 사랑이라는 이름으로 다가오기 때문이다. 주로 부부 사이, 부모와 자녀 사이, 형제자매 사이, 연인 사이, 직장 내에서 상하 관계, 즉 힘의 불균형에서 일어난다. 가정에서는 배우자가 상대 배우자를, 부모가 자녀를 지나치게 통제하거나 사랑을 가장한 억압을 한다. 그런 부모가 자녀에게 가장 많이 하는 말은 드라마 대사에도 자주 등장하는 "다 너를 위한 거야"이다. 겉으로는 자녀를 위한다고 하지만 속마음(겉으로 드러나는 감정 뒤에 숨어 있는 진짜 감정)을 살펴보면 대부분 부모의 욕구와 체면, 열등감을 해소하기 위한 것일 뿐이다.

가스라이팅 중에서 가장 치명적인 것은 부모가 자녀에게 하는 것이다. 부모님의 사랑이라고 생각하기 쉽고, 설령 안다고 해도 저항하기 어렵다. 오히려 자녀들은 '부모님은 이렇게 날 사랑하는데 나는 왜 이럴까?' 하는 죄책감을 가진다.

대만의 임상심리사이자 심리치료사 홍페이윈(洪培芸)은 《인간관계 착취》(미래지향, 2020)에서 "타인을 착취하거나 착취당하는 것은 모두 불완전한 자아 때문이다"라고 했다. 그는 인간관계 착취란

한 사람에게 내재된 결핍, 공허, 자기중심적 사고, 열등감, 낮은 자존감, 자아 효능감과 자아 가치감의 저하, 부정적인 자아 이미지, 부정적 정서와 불완전한 자아 등에서 시작된다고 말한다. 이런 것들 때문에 인간관계에서 불공정한 방식으로 불쾌한 감정을 느끼게 만들고, 심지어 잔인한 방식으로 상대방을 억압하며 자신의 목적을 달성한다.

"우리 남편을 어떻게 해야 할까요?"

상담실을 찾은 한 여성은 자기중심적 사고와 열등감으로 가득한 남편 때문에 결혼생활이 너무나 힘들다고 토로했다. 그녀는 외국에서 대학원까지 졸업했지만 결혼해 세 아이를 연이어 출산하면서 전업주부로 육아와 가사에 전념했다. 그녀의 남편은 모든 부정적인 것은 아내 탓으로 돌리고 자신의 결정과 생각은 늘 옳다고 주장했다. 돈을 벌어 가족들을 먹여살린다는 점에서 자신의 존재 가치를 크게 부여했다.

자신보다 우월한 사람 앞에서 열등한 자신을 마주하기 싫어서 강하게 말하고 그러한 자리에는 아예 참석하지 않으려 했다. 자신을 제외한 모든 타인은 옳지 않다고 생각하고 자신의 경험만을 중시하며 모든 결정은 자기 고집대로 했다. 자신이 최고라고 인정해주기를 원하고 인정 욕구가 채워지지 않으면 아내를 공격했다.

그런 남편 때문에 그 여성은 충분히 능력이 있음에도 늘 남편에게 감정 착취를 당하고 살았다. 늘 자기 생각이 옳고 아내의 판단을 믿지 못하는 남편 때문에 자존감은 한없이 낮아졌고 어떤 결정과 판단도 제대로 하지 못하며 무기력과 우울감으로 자신을 전혀 돌보지 못했다. 그 결과 여성은 몸도 마음도 모두 지쳐서 육아를 하기도 어려울 정도였다. 심각한 번아웃 증상과 함께 자신은 아무것도 할 수 없다는 전형적인 가스라이팅 피해 증상을 보였다.

자기 스스로를 먼저 챙기자

나는 그녀가 자신을 먼저 돌보는 것이 급선무라고 판단했다. 그래서 맨 먼저 자신을 챙기라고 권했다. 남편과 자녀들만을 위해 희생하느라 자신을 거의 돌보지 못하는 현재 상황을 인식하도록 했다. 커피 한잔 제대로 마실 여유조차 없는 그녀에게 좋아하는 커피숍에 가서 여유 있게 브런치를 먹어보기로 첫 과제를 내주었다. 그리고 그다음 주에는 가장 밝은색 옷을 입고 오라고 했다.

그녀는 화사하고 단정한 모습으로 나타났다. 그대로 실천해보니 기분이 매우 좋고 자신이 소중한 사람이 된 것 같다고 소감을 이야기했다. 진심을 다해 일관성 있게 무조건적으로 긍정적 지지를 해주자 그녀는 자신이 꽤 괜찮은 사람이라는 것을 인식하게 되었다. 나는 그녀가 극도로 떨어진 자존감을 스스로 회복할 수 있도록 도왔다.

그다음으로 남편의 인정 욕구를 채워주도록 안내하고 자신의 의견을 당당하게 말할 수 있는 대화법과 남편이 잘못했을 때 사과를 받아내는 법 등을 알려주었다. 더 이상 남편이 아내의 정서를 갉아먹는 말과 행동을 하지 못하게 정확한 경계선을 긋도록 했다.

그녀는 더 이상 남편의 말에 휘둘리지 않고 자신의 생각과 감정을 정확하게 이야기하고 어떠한 상황에서도 남편이 자신의 정서적 경계를 넘어서는 것을 허용하지 않았다. 이제 그녀는 아이들을 키우며 당당하게 살아가고 있다. 무엇보다 무기력에서 벗어나 자신이 하고 싶은 일과 할 수 있는 일을 조금씩 실천하고 있다.

가스라이팅에 대처하는 방법

일반적으로 가스라이팅을 하는 사람들은 마음의 상처가 있거나 심리적으로 연약한 사람, 정서적 결핍이 있는 사람을 선택한다. 그래서 가스라이팅 피해자가 되지 않도록 자신을 강화하고 보호하는 것이 중요하다. 가스라이팅은 또한 대물림되기도 하므로 더더욱 주의해야 한다. 가스라이팅을 당했던 사람이 부모가 되어서 자녀에게 가스라이팅을 하는 것이다. 자신이 어릴 때 부모에게 가장 듣기 싫었던 말, 가장 가슴 아팠던 말을 떠올려보고 금지어 목록을 작성해서 자녀에게 그런 말을 절대 하지 않도록 노력해야 한다.

가스라이팅을 당하지 않으려면 어떻게 하면 좋을까? 가스라이팅 대처 방법을 알아야 한다. 가장 중요한 첫 번째는 자신이 가스라이팅을 당하고 있다는 사실을 인지하는 것이다.

두 번째로 할 일은 자신에게 가스라이팅을 하고 있는 가스라 이터와 거리를 두는 것이다. 가능한 그와 만나는 횟수를 줄여야 한다. 거리 두기를 다른 말로 표현하면 '경계'다.

에이미 말로 맥코이(Amy Marlow-MaCoy)는《그게, 가스라이팅 이야》(에디토리, 2021)에서 물질적 경계, 물리적 경계, 정신적 경계, 성적 경계, 사회적 경계, 시간적 경계로 나누어 설정하도록 했다. 그 다양한 경계 안에서 자신이 설정한 가치를 분명히 표현하는 법 을 연습해야 한다. 그 누구도 자신이 설정해놓은 경계를 침범하지 못하도록, 자신을 스스로 보호하도록 했다(맥코이의 책에는 가스라이팅 부작용 체크리스트, 가스라이팅 기억 체크리스트가 실려 있다).

세 번째는 가스라이팅을 당하고 있다는 사실을 숨기지 말고 믿을 만한 사람에게 털어놓고 도움을 요청하는 것이다. 가능하면 전문가에게 도움받을 필요가 있다.

네 번째는 자존감을 높여야 한다. 자존감은 스스로 높이는 방 법과 타인이 높여주는 방법이 있다. 먼저 타인들의 긍정적 지지와 칭찬을 통해 '자신이 괜찮은 사람'이라는 사실을 인식한다. "너는 정말 멋진 아이야. 넌 꼭 잘될 거야. 너는 하는 일마다 어쩜 그리 잘하니?" 등과 같이 피드백하는 것은 좋은 가스라이팅이다. 그리 고 스스로를 칭찬해 주고 두 손을 가슴 위에 X자로 포개어 토닥토 닥하며 "괜찮아, 잘했어, 잘될 거야"라고 말한다. 이것을 나비 허그 (butterfly hug)라고 한다. 이런 과정을 통해 존중감, 유능감, 효능감, 긍정감을 높일 수 있다.

다섯 번째는 자신을 스스로 돌보는 것이다. 평소에 자신의 몸과 마음을 집중해서 관찰하고 살핀다. 몸 상태는 괜찮은지 마음은 맑은지 살피며 컨디션을 조절한다. 몸과 마음이 건강하면 타인의 공격과 가스라이팅을 당하지 않고 자신을 지킬 수 있다.

요즘은 가정과 직장에서 가스라이팅을 당하고 있는 것 같다는 이야기를 많이 듣는다. 그만큼 자존감이 낮은 사람도, 스스로를 파괴하는 사람도 많다는 방증이다. 가스라이팅인지 아닌지 구별하는 방법은 단순하다. 상대가 나를 위한다고는 하는데, 전혀 위로가 되지 않을 뿐 아니라 오히려 상처가 될 때, 이것은 엄연히 잘못된 일임을 알아차리면 된다. 자기 스스로를 귀하게 여기고 자기를 대접한다면, 누구나 '가스라이팅'인지 아닌지 금세 구별할 수 있다.

나를 지켜주는 정서적
경계선을 사수하라

우리는 살면서 수많은 선을 만난다

성장하면서 매 시기마다 반드시 지켜야 하는 선을 맞닥뜨린다. 내가 만난 가장 최초의 '선'은 초등학교 때였다. 당시에는 두 사람이 긴 책상 하나에 나란히 앉았다. 아이들은 볼펜이나 연필로 책상을 절반으로 나눠서 짝꿍이 내 책상으로 넘어오지 못하게 했다. 필통이나 노트, 지우개 등 학용품이 하나라도 넘어가면 절대로 안 되었다. 두 번째 선은 초등학교 운동장에서 오징어 게임이나 삼팔선 같은 놀이를 할 때였다. 선을 밟거나 넘어가면 안 되는 것이 게임의 규칙이다. 선을 넘는 순간, 바로 아웃이다. 세 번째 선은 달리기 경주를 할 때 서는 출발선이다. 어린 시절 그 세 가지 선은 모두 내게 긴장감을 주는 '요주의' 선이었다.

어른이 된 지금도 나는 많은 선을 만난다. 지하철을 기다릴 때 안전을 위해 노란 선 밖에서 기다려야 한다. 자칫 위험할 수 있기 때문이다. 자동차를 운전할 때 지켜야 하는 선도 있다. 차선이나 중앙선을 지키지 않으면 대형 사고로 이어지기 쉽다.

어떤 사건이나 사고가 일어난 현장을 보존하기 위해 설치하는 폴리스라인(police line), 즉 질서유지선이 있다. 폴리스라인은 국립과학수사팀의 조사가 끝날 때까지 유지해야 한다. 이 폴리스라인을 침범하는 경우 「집회와 시위에 관한 법률」(집시법) 제13조를 위반한 행위로 6개월 이하 징역이나 50만 원 이하의 벌금 또는 구류, 과태료에 처해진다.

일일이 다 나열할 수 없지만 우리가 지켜야 하는 경계선은 알게 모르게 참 많다. 이러한 선은 질서 유지와 신체적 안전을 위해 정해놓은 규칙이다.

우리의 정서도 안전선이 필요하다. 정서적 경계선, 너무 가깝지도 너무 멀지도 않은 적정한 거리 두기를 위해서다. 가족과 같은 가까운 사이일수록 더욱 그러하다. 그렇지 않으면 서로 상처 주고 힘든 관계가 오래 지속된다.

고슴도치의 딜레마

고슴도치의 딜레마는 겨울날 추위를 견디기 위해 서로 껴안아 주면 서로의 몸에 난 가시가 서로를 찌르는 것이다. 아픔을 덜기 위해 다시 떨어지면 또 추위로 힘들다. 각자 떨어져 있으면 외롭고, 체온 유지를 위해 서로 껴안으면 아파서 힘들다. 그래서 고슴도치들은 늘 딜레마에 빠진다. 인간의 정서도 어느 면에서 보면 고슴도치를 닮았다. 서로에게 상처 주거나 아픔을 주지 않으려면 적정한 거리를 유지해야 한다.

어린 시절 시골에서 농사짓는 부모님을 따라다니면서 겪었던 일 가운데 지금까지 잊혀지지 않는 기억이 있다. 모든 곡식은 씨를 뿌려야 새싹이 난다. 거두고자 하는 씨앗을 밭에 뿌리면 며칠 후 싹이 올라온다. 그 싹이 어느 정도 자라면 모두 뽑아서 다시 적당한 거리를 두고 몇 개씩 옮겨 심는다. 어린 나이에 이해가 되지 않아 부모님께 여쭤보았다. "엄마, 싹이 나는 대로 두면 편하고 더 많이 수확할 텐데 왜 다 뽑아서 다시 띄엄띄엄 심어요?" 엄마는 일정한 간격을 두고 심어야 튼튼하게 잘 자란다고 말했다.

모내기할 때도 마찬가지였다. 모판에 볍씨를 많이 뿌렸다가 싹이 어느 정도 자라면 모두 뽑아서 논에 적당한 거리를 두고 모를 심었다. 그것 역시 어린 모가 튼튼한 벼로 잘 자라도록 적당한 간격을 두는 것이다.

메타세쿼이아 길이 멋있게 느껴지는 이유는 나무가 빽빽하고 울창해서가 아니라 나무와 나무가 서로 일정한 간격을 유지하고 있기 때문이다. 충분히 잘 자랄 수 있도록 서로 적당한 간격을 띄우고 심었기에 보기에도 좋다.

사람 간에게도 거리가 필요하다

밭에 심는 채소나 산에 있는 나무와 같이 자연에만 적당한 거리 두기가 필요한 것은 아니다. 사람과 사람 사이에도 적당한 거리를 유지해야 건강한 관계를 오랫동안 이어갈 수 있다. 가까운 관계일수록 서로 더 많은 상처를 주고받는다. 가족이니까, 친하니까 괜찮겠지, 다 이해하겠지 하고 방심하면 고슴도치처럼 가시로 찔러서 고통을 준다.

30대 초반 젊은 부부의 이야기다. 두 사람은 양가 부모님의 반대를 무릅쓰고 자신들의 사랑을 확신하며 양가 부모님들을 설득해서 결혼했다. 부부의 확고한 사랑으로 예쁜 딸아이도 낳아 알콩달콩 행복하게 살고 있었다. 부부가 모두 직장을 다니고 있어서 딸아이는 어린이집에 보내지만 시간이 여의치 않아 틈틈이 시부모님께서 돌봐주셨다. 그런데 아이를 돌봐주시면서 부부의 집을 수시로 드나드는 시어머니가 간섭하기 시작했다. 시어머니는 반찬을 해서 냉장고에 정리해 주고 빨래를 해서 개어 옷 정리도 해주고 청소까지 해주셨다. 시어머니 눈에는 직장생활하는 며느리의 살림 솜씨가 마음에 들지 않았다. 그래서 시어머니는 아들에게 매일 며느리 흉을 보기 시작했다. 그때마다 아들은 직장 다니느라 바빠서 그러니 이해해 달라는 말만 되풀이했다.

그런데 이런 생활이 길어지자 처음에는 어머니를 이해시켰던 아들도 서서히 지치고 짜증 나기 시작했다. 그 짜증은 아내와 어머니에게도 이어졌다. 이런 생활이 5년 정도 지속되자 어머니와의 갈등이 부부 갈등으로 이어졌다. 거의 매일 부부 싸움이 이어졌고, 매일 화를 내고 짜증 부리는 남편에게 지친 아내가 더 이상 이렇게 살고 싶지 않다며 이혼을 염두에 두고 상담실을 찾아왔다. 상담을 진행하면서 원래는 부부 사이에 갈등이 없었으나 시어머니의 개입과 간섭으로 문제가 시작되었음을 알게 되었다.

부부의 이야기를 들으면서 고슴도치의 사랑이 생각났다. 서로 너무 가까이 다가가서 꼭 껴안다가 오히려 사랑하는 가족을 가시로 찔러 상처를 주고받았다. 부부 상담 과정에서 먼저 서로의 성향을 이해하게 했고 진심을 이야기하고 확인하는 과정을 거친 후에 시부모님과의 관계를 점검해 보라고 했다. 만남의 빈도와 갈등의 크기가 비례한다는 사실을 알게 되자 시어머니의 도움을 잠깐 멈추고 힘들더라도 부부의 힘으로 해결해 보라고 했다.

우선 시어머니와 만나는 횟수를 최소한으로 줄여야 했다. 꼭 필요한 경우에만 만나고 최대한 진심을 담아 정중한 태도를 유지하도록 했다. 이것은 인연을 끊는 것이 아니라 잠시 멈추고 적당한 거리를 유지하는 것이다. 마치 메타세쿼이아 나무처럼 가장 적당한 거리를 유지해 더욱 튼튼하고 건강한 관계를 만드는 것이다.

정서적 거리 두기가 필요하다

물리적인 거리뿐 아니라 정서적인 거리 두기가 필요한 사례도 있다.

어느 날 40대 여성이 찾아와 친정 부모님과의 갈등을 호소했다. 여성은 어린 시절 다른 자매들과 비교당하며 차별받고 자란 것이 큰 상처로 남아 있었다. 언니 방에 들어가 보면 책상 위에 수입 과자 상자가 올려져 있었고, 자신이 좋아하는 반찬보다는 언니가 좋아하는 반찬 위주로 밥상이 차려졌다. 맛있는 반찬을 먹으려고 하면 '언니 먹어야 한다'며 손을 탁 치는 바람에 먹지 못할 때도 있었다. 결혼해 아이를 낳아 잘 살고 있는데 자신의 경제 사정이 언니보다 좀 더 여유로운 것을 알고 부모님은 모든 것을 자신에게 맡기고 의지했다. 그래도 잘해드리려고 노력했다.

그러던 어느 날 부모님께 어떤 일을 부탁했는데 일언지하에 거절하자 무척 화가 나서 부모님과 큰 싸움을 하게 되었다. 그 과정에서 아버지에게 신체적 폭력을 당했고 어머니는 보면서도 말리지 않았다. 그 일로 큰 상처를 입은 여성은 부모님과 연락을 끊고 상담실을 방문했다. 그녀는 상담 과정에서 평생 받아온 상처를 드러내며 분노의 감정을 다 쏟아냈다. 부모님과 거리 두기를 한 상태로 꽤 긴 기간 동안 상담을 진행했다. 결국 부모님과 화해하고 지금은 적당한 거리를 유지하며 잘 지내고 있다.

40대 남성이 오래 다니던 직장을 그만두고 이직했다. 새로 옮긴 직장에서 한 상사가 이 남성을 집중적으로 공격했다. 모든 업무뿐만 아니라 자신이 원하는 대로 진행되지 않으면 "자넨, 왜 그렇게 이기적이냐?"라고 인성까지 들먹이며 상처를 주었다. 남성은 계속 그 상사의 지시에 말없이 따르고 어떠한 공격에도 저항하지 않다가 직장을 그만두고 싶을 만큼 스트레스를 받자 상담실을 찾아왔다. 그는 상담에서 자신을 지키는 대화 방법과 상대방의 비인격적인 공격에 반응하는 기술을 배웠다. 그리고 스스로 정서적 거리 두기를 해서 지금은 회사에 잘 적응하고 있다. 이 남성이 힘들었던 이유는 정서적 경계선을 침범당하고 있으면서도 반응하거나 저항하지 못하고 고통이 지속되었기 때문이다.

사람들과 대화를 나누다 보면 정서적 침범을 하기도 하고 당하기도 한다. 자신이 상대방의 말을 듣고 도가 지나치다는 느낌이 들고 기분이 상하는 경우 더 이상 상대방이 자신의 경계 범위를 침범하지 못하도록 해야 한다. 정서적 경계선을 더 이상 침범하지 못하도록 자신을 지키는 일은 매우 중요한 관계 기술이다.

거리 두기는 관계의 기술이다

트라우마가족치료 연구소장 최광현 교수는 《가족의 두 얼굴》(부키, 2012)에서 "가족은 나의 힘이 되기도 하고 짐이 되기도 하며, 친밀함 뒤에 미묘한 갈등이 숨어 있기도 하고, 한없이 사랑하다가도 한없이 미워하기도 한다. 가족은 두 얼굴을 지니고 있다"라고 했다. 그는 독일에서 가족치료를 공부하고 가족치료사로 활동하면서 "세상에서 가장 가까운 가족과 마음 불편하게 사는 사람들은 국경을 초월해 어디에나 많다"라고 서술했다. 이것으로 보아 가족에게서 가장 큰 힘과 위로를 받기도 하지만 가족으로 인해 가장 큰 아픔을 겪기도 한다는 것을 알 수 있다.

관계로 인한 갈등은 부모와 자녀 간의 문제만은 아니다. 부부 사이, 형제자매, 친구, 직장 동료와도 갈등을 빚는다. 관계의 거리 두기는 부모와 자녀에게만 필요한 것이 아니라 모든 관계에서 필요한 기술이다.

고대 그리스 철학자 디오게네스는 "사람을 대할 때 불을 대하듯 하라. 다가갈 때는 타지 않을 정도로, 떨어질 때는 얼지 않을 정도로"라고 했다. 건강한 인간관계를 위해서는 적당한 거리를 잘 유지해야 한다는 것을 가장 잘 표현한 말이다.

Chapter
5

베스트 휴먼십을
불러오는 관계 맺기
노하우 7

자존심은 내리고,
자존감은 올려라

자존감은 인생의 가장 큰 밑천이다

모든 부모는 자녀들이 고생하지 않고 살아가기를 원한다. 소위 꽃길만 걸었으면 하고 간절히 바란다. 그러나 인생은 그렇지 못하다. 거친 비바람이 불고 큰 파도가 덮쳐오기도 한다. 전력질주하다 넘어지기도 한다. 그럴 때마다 부모가 손잡아 일으켜 세워주고 인생을 끝까지 책임져줄 수 없다. 그렇다면 우리 자녀가 인생이라는 큰 항해를 하면서 만날 수 있는 거친 파도로부터 살아남는 방법을 가르쳐주어야 한다.

그 방법은 자존감을 길러주는 것이다. 자존감은 삶을 살아갈 수 있게 하는 가장 큰 힘이다. 자존감이 높으면 어떤 어려움에 처해도 자신을 믿고 끝까지 견뎌내며 문제를 해결한다. 그래서 자존감은 인생의 가장 큰 밑천이다. 자존감은 정신건강의 척도로서 지속적으로 삶에 영향을 미친다.

자존감의 의미

자존감(self esteem)은 자기존중감의 준말이다. 자기 스스로 자신을 존중한다는 뜻이다. 조금 더 깊게 말하면 있는 그대로의 나를 인정하며 소중한 존재라고 믿는 마음이다. 자신이 존재하는 이유다. 자존감은 자기효능감의 의미도 포함한다. 자존감은 '나는 나를 존중할 거야'라고 생각한다고 해서 저절로 생기지 않는다. 자신이 존중받은 경험을 통해 몸으로 익힌다. 그래서 어린 시절 부모에게 존중받는 경험은 매우 중요하다. 자존감이 높은 사람은 자기 스스로를 따뜻한 사람이라고 믿고 다른 사람에게도 따뜻하게 대해준다. 자신은 물론 다른 사람의 존재 자체를 사랑하고 존중한다.

한 글자 차이, 자존심의 의미

자존감과 함께 붙어 다니는 단어가 자존심(hubristic pride)이다. 흔히 자존감과 자존심을 혼돈하는 경우가 많다. 자존감과 자존심의 차이를 정확하게 이해할 필요가 있다. 자존심은 남에게 굽히지 않고 다른 사람과 자신을 비교해 타인에게 존중받으려는 마음이다. 자존감이 자기 스스로를 존중하는 마음이라면, 자존심은 자신과 타인을 비교해 느끼는 마음이다.

비슷한 용어로 자부심(authentic pride)과 자만심(self pride)이 있다. 자부심은 자신의 능력이나 성공에 대해 타인에게 인정받을 때 느끼는 자랑스러운 마음이다. 자만심은 스스로를 높이 평가해 우월감을 가지고 뽐내는 마음이다. 자부심과 자만심 역시 타인과의 비교에서 느껴지는 마음이다. 삶과 관계에서 긍정적인 영향을 끼치는 자존감을 제대로 인식하고 향상하는 일은 매우 중요하다.

자존감이 낮으면 나타나는 현상들이 있다.

첫째, 타인의 시선을 크게 의식하고 눈치를 많이 본다.

둘째, 타인을 믿지 못하고 왜곡해 받아들인다.

셋째, 열등감이 크고 어떤 일을 스스로 결정하지 못한다.

넷째, 타인에게 의존하거나 집착한다.

다섯째, 자신의 의지보다 상대방의 기대에 맞춰서 거짓 자기로 산다.

자존감이 낮으면 자신의 마음도 힘들지만 사람들과의 관계에서도 많은 갈등이 일어난다.

낮은 자존감은 계속 브레이크를 밟으며 운전하는 것과 같다

미국의 의학박사 맥스웰 말츠(Maxwell Maltz)는 "낮은 자존감은 계속 브레이크를 밟으며 운전하는 것과 같다"라고 했다.

40대 중반 여성의 이야기다. 그녀는 어린 시절 부모에게 칭찬보다 비난을 많이 받았고 남동생과 차별대우를 심하게 받았다. 부모님은 부부싸움이 잦았고 아버지는 완고하고 성격이 급했다. 어머니는 아버지에게 받은 스트레스를 딸에게 풀었다. 공부를 열심히 해서 좋은 성적을 받아도 칭찬이나 긍정적인 반응을 하지 않았다. 그녀는 부모님을 무서워했고, 늘 눈치를 살피는 습관이 생겼다. 자신이 하고 싶은 말도 당당하게 하지 못했다. 언제 또 부모님께 혼날까 늘 불안했다.

그녀는 어린 시절의 성장 과정에서 존중과 격려와 따뜻한 지지를 받지 못했기에 어른이 되어서도 자존감이 매우 낮았다. 두 아이를 둔 엄마이고 중년이 된 지금도 타인들의 눈치를 보고 타인의 시선을 지나칠 정도로 의식하는 성격 때문에 지인들과의 관계에서 어려움을 겪는다고 호소했다. 이처럼 어린 시절 형성된 낮은 자존감은 관계 형성에 악영향을 미친다.

자존감은 어떻게 길러지는가

세계적인 부모 코칭 프로그램 '적극적인 부모 역할 훈련'의 지도자 홍경자 심리상담센터장은 《자존감을 심어주기》(홍경자심리상담센터, 2017)에서 "인간의 자존감은 타고난 것이지만 어린이가 성장하는 과정 중에 90퍼센트 이상이 후천적으로 길러지는 것"이라고 했다. 자존감은 출생 후 양육 과정에서 길러진다는 뜻이다.

우리나라 옛날 양반가의 교육은 태교부터 시작되었다. 아이를 임신했을 때부터 몸가짐을 바르게 하고 마음가짐에도 더없이 신경 썼다. 올바른 인성을 기르고 생명을 소중히 여기며 후손으로 태어날 아기를 존중하기 위한 것이다. 태아 때부터 소중한 생명체이자 인격체로 존중해야 한다. 태어난 이후에는 엄마의 품에 안아 젖을 먹이며 눈 맞춤을 통해 사랑, 안정감, 존중감, 따뜻함을 느끼도록 해야 한다. 생명 그 자체로 고귀함을 인정받고 자라는 아이는 자기존중감을 갖게 된다.

자존감을 높이는 방법

젖을 먹이며 눈 맞춤을 해주고 웃어주는 것은 자존감을 길러주는 기초라 할 수 있다. 눈을 통해 '엄마가 아기를 사랑한다'는 메시지를 보낸다. 그러면 아기는 사랑의 메시지를 받고 웃는다. 엄마는 아기의 웃음에 더 부드럽고 따뜻한 웃음으로 반응한다. 이것을 거울 반응(mirror reaction)이라고 한다.

아기의 욕구 표현에도 즉각적으로 반응함으로써 아이의 자존감은 높아진다. 부모가 반응하지 않으면 아이는 더 이상 욕구 표현을 하지 않고 정서적 고립감을 갖게 된다. 이러한 감정이 반복되면서 아이의 존재감은 낮아진다. 적어도 생후 24개월까지는 무조건적으로 사랑해야 한다. 크고 작은 욕구를 들어주고 보호해야 한다. 그 후 성장 과정에 따라 훈육하며 행동 제한을 하면 된다. 설령 아이가 내 마음대로 따라주지 않는다 해도 무한한 가능성을 긍정적인 눈으로 바라보며 격려하고 격려하며 격려하라.

부모의 자존감이 아이의 자존감이다

부모는 사랑을 주면 된다. 사랑은 무조건적이어야 한다. 존재 가치에 대한 사랑, 즉 어떤 상황에서도 존재 자체로 사랑하는 것이 중요하다. 인간은 존엄하다는 사실만 잊지 않는다면 존재 자체를 사랑하고, 무조건 사랑하는 일은 그다지 어렵지 않다. 조건 없는 사랑, 즉 '네가 이것을 잘해서 사랑한다'가 아닌 '네가 나의 아들(딸) 이어서 사랑한다'는 것이다.

자존감에 대한 도서들이 수없이 쏟아져 나오고 있지만, 아이들을 비롯해서 사람들의 자존감은 더 낮아지고 있다. 왜 그럴까? 자존감은 수준 높은 지식이나 기술이 필요하지 않다. 부모가 자녀를 무조건적으로 믿어주고 사랑하면 된다. 이 단순한 진리 하나면 되는데 자존감이 낮은 아이들이 많다는 것은 그만큼 단순한 진리를 지키는 사람들이 점점 없어진다는 의미다.

아이의 자존감은 부모에게서 온다고 했다. 먼저 부모의 자존감이 높아야 한다. "우리 아이 자존감을 어떻게 하면 높일 수 있을까요?"라고 질문하는 부모들이 많다. 그들에게 감히 이렇게 답하고 싶다. 부모 자신의 자존감을 먼저 돌아보고 그것을 우선적으로 챙기라고 말이다. 명심하자. 부모의 자존감이 곧 아이의 자존감이다.

존중받고 싶은가? 그러면 먼저 존중하라

미국의 소설가 버나드 말라무드(Bernard Malamud)는 "존경받고 싶으면 존경으로 대해야 한다"라고 말했다. 부모가 먼저 자녀를 존중하면 자녀도 부모를 존경한다. 존중과 존경받고 싶다면 내가 먼저 그 상대를 존중해 주자. 내가 먼저 웃으면 상대방도 따라 웃어주듯이.

"당신에게 레몬을 준다면 그것으로 레몬에이드를 만들어라(When gives you lemons, make lemonade)." 미국 작가 앨버트 허버드(Elbert Hubbard)가 난쟁이 배우 마셜 핀크니 와일더(Marshall Pinckney Wilder)의 부고문에서 그의 긍정적인 태도와 성취에 대해 한 말이다. 여기서 레몬은 우리의 삶에서 만날 수 있는 시련이나 고난을 뜻한다. 우리는 누구나 탄탄대로를 바라고 꿈꾸지만 삶은 우리에게 쓴 레몬을 가져다주기도 한다. 우리는 그 레몬을 받을지 말지 선택해야 한다. 그 레몬을 그냥 버리면 썩어서 쓰레기가 되지만 레몬에이드를 만들어서 먹을 수도 있다. 레몬은 고난뿐 아니라 그 사람이 가진 잠재력을 의미하기도 한다.

부모는 아이에게 좋은 것만 주고 싶지만 그렇지 못할 때가 많다. 부모가 아이의 인생을 끝까지 함께할 수도 없고 모든 것을 다 해줄 수도 없다. 아니, 모든 것을 다 해주면 안 된다. 삶에서 레몬

같은 고난을 만나거나 어려운 역경이 다가올 때 어떻게 할 것인지 선택할 수 있는 지혜를 가르쳐주고 새콤달콤한 레몬에이드 만드는 법을 가르쳐주어야 한다. 그러면 아이는 힘든 일이 닥쳤을 때도 스스로 잘 헤쳐나갈 것이다.

자존감은 좋은 관계의 씨앗

영롱한 아침 이슬도 햇빛을 만나야 반짝이고, 형형색색의 단풍잎도 밝은 햇살이 비쳐야 고유의 아름다운 색이 돋보인다. 자녀들은 영롱한 아침 이슬이고 아름다운 단풍잎이다. 햇빛이 비치면 존재 자체가 빛나고 돋보인다. 부모는 아이에게 햇빛과 같은 존재다. 부모가 잘 비춰주면 아이들은 빛을 발하고 자존감도 살아난다. 인간관계에서도 자존감 하나면 충분하다. 자존감은 좋은 관계의 씨앗이기 때문이다.

정서적 근육을
키워라

몸의 건강은 근육이 지켜준다

목발과 휠체어를 사용해본 적이 있다. 퇴행성 관절로 오른쪽 무릎과 오른쪽 발목, 복숭아뼈 골절 수술 등 재활치료를 하는 동안 목발과 휠체어를 두 번이나 이용했다. 수술 자체보다 재활치료가 더 고통스러웠다. 뼈를 다쳤는데 뼈를 치료하지 않고 근육 훈련을 하는 것이 처음에는 이해되지 않았다.

의학 전문가는 근육의 중요성을 강조했다. "우리의 몸에는 성인 기준으로 206개의 뼈와 650개의 근육이 있다. 그 많은 근육이 몸의 각 기관들에 미치는 영향은 매우 크다. 근육은 우리 몸을 지지하며 안전하고 편안하게 움직일 수 있도록 해준다. 근육이 든든하게 잘 유지되어야 뼈 건강도 튼튼하게 지킬 수 있다. 그래서 뼈를 둘러싸고 있는 근육을 강화해야 뼈도 완전하게 회복된다." 나는 고통을 견디며 오랜 기간 근육 강화를 위한 재활치료를 통해 온전하게 걸을 수 있게 되었다.

나무의 뿌리가 깊지 않고 몸통이 가늘고 약하면 작은 비바람만 불어도 쓰러진다. 느티나무와 같이 큰 나무는 뿌리가 튼튼하고 기둥이 매우 단단하다. 아무리 힘센 성인 남성이 니킥을 한다 해도 이 나무는 전혀 흔들림이 없다. '매미'나 '힌남노' 같은 슈퍼 태풍이 와도 끄떡없다.

우리의 마음도 그렇다. 마음이 약하면 전체가 흔들린다. '호랑이에게 물려가도 정신만 차리면 산다'는 속담이 있다. 아무리 위급한 상황이라도 정신만 바짝 차리면 위기에서 벗어날 수 있다는 뜻이다. 마음은 중심이고 자신의 정체성이다. 나를 지탱하는 힘이다.

멘탈이 무너지면 다 무너진다

이 속담을 증명해준 우리의 역사적 사실이 있다. 훌륭한 업적을 남긴 충무공 이순신 장군은 약 400년 전에 단 12척의 배로 300척의 군함과 약 1만 명가량의 일본군을 물리치고 승리를 이끌었다. 힘의 크기로 보면 도저히 일어날 수 없는 기적이었다. 이순신 장군과 부하들은 한마음이 되어 승리할 수 있다는 신념을 가지고 끝까지 싸웠다. 호랑이에게 물려간 것보다 더 큰 위기에서 결국 멘탈이 외적 조건을 이긴 것이다.

삶은 멘탈 싸움이다. 우리는 2016년 리우 올림픽 펜싱 경기에서 박상영 선수가 금메달을 획득하는 장면을 기억한다. 마지막 결승전에서 경기 시작 직전에 "나는 할 수 있다"를 외치는 장면을 잊을 수 없다. 14 대 10으로 지는 상황에서 '나는 할 수 있다'는 신념으로 연속 5점을 획득해 1점 차이로 승리하고 금메달을 목에 걸었다. 큰 점수 차가 나는 상황에서 멘탈이 흔들렸다면 금메달은 상대 선수에게 넘어갔을 것이다. 멘탈(mental)은 정신, 곧 단단한 근육과 같은 탄탄한 마음을 뜻한다. 단단한 근육과 같이 단단한 정서를 가지면 어떠한 어려움과 위기에서도 흔들리지 않고 모든 상황을 이겨낼 수 있다.

어느 누구 앞에서든 당당하고 싶다

한 여중생이 친구 관계가 어려워서 학교생활을 하기가 힘들다고 호소했다. 학생은 친구들이 자신을 비난하는 것 같아 두렵고 무섭다고 했다. 그래서 친구들과 함께 어울리지 못한다는 것이었다. 친구들에게 자기 생각을 이야기하면 "너 틀렸어"라고 이야기할까 봐 두려웠다. 또 친구들이 부탁하면 자신을 싫어할까 봐 두려워서 거절하지도 못했다. 자신이 이상한 아이로 보일까 봐 늘 친구들 눈치를 보느라 관계를 이어가기가 너무 힘들었다.

이 학생의 뒤에 앉은 친구와 앞에 앉은 친구, 이렇게 셋이 단짝이어서 수업 시간에도 쪽지를 전달해 달라는 부탁을 자주 한다고 했다. 학생은 "싫어"라고 말하고 싶었으나 자신을 나쁜 아이라

고 생각할까 봐 거절하지 못하고 전달해 주었는데 그 일이 반복되
자 짜증이 나기 시작했다. 팀별 활동 시간에는 자신이 발표를 잘
못해서 점수가 깎이는 일이 있었다. 친구들이 그 일로 자신을 비난
하고 다른 친구들에게도 소문낼까 봐 무섭다고 했다.

여학생의 핵심 욕구는 어느 누구 앞에서든 '당당하고 싶다'였
다. 여학생은 타인의 시선을 지나치게 의식하고 있었다. 늘 친구
들의 요구에 맞춰주느라 정작 자신의 내면을 만족시키지 못했다.
친구들 앞에서 당당해지는 연습이 필요했다. 한마디로 단단한 마
음 근육을 키워야 한다.

마음 근육이 단단하지 않아 사소한 일에 쉽게 상처받고 마음
졸이는 사람을 일본 심리 카운슬러 가타다 도모야는 '유리 멘탈'
이라고 정의하며 《유리 멘탈을 위한 좋은 심리 습관》(비즈니스북스,
2021)에서 다음과 같이 밝혔다. "마음이 원래 약한 사람은 없으며
누구나 살면서 한 번쯤은 유리 멘탈이 된다. 넘어지면 무릎이 깨지
듯이 안 좋은 일이 생기면 멘탈도 깨지는 게 당연하다. 그렇기에
멘탈이 깨지지 않도록 하는 것보다 깨진 멘탈을 다시 잘 붙이는 것
이 더 중요하다."

'그러거나 말거나 그러라 그래'

나는 여학생에게 한 문장을 마음에 담아가도록 했다. '그러거
나 말거나.' 친구들이 자신을 '욕하거나 말거나, 비난하거나 말거

나' 친구들의 몫은 친구들에게 맡기고 자신의 마음을 먼저 챙기라고 했다. 여학생이 발표를 잘하지 못해서 팀의 점수가 깎인 것에 대한 미안함이 있었다. 그 부분은 친구들에게 "내가 발표를 잘 못해서 점수가 깎이게 되어 미안해. 다음에는 더 연습해서 잘할게"라고 진심으로 사과하면 된다. 그 일로 친구들이 뒤에서 욕하거나 흉을 보더라도 '그러거나 말거나'라고 마음속으로 되새기면 마음이 단단해지고 당당해질 수 있는 마음 근육이 생긴다.

나의 시선이 타인에게 머물러 있고 나의 자의식이 외부로 뻗어 있으면 나는 더 작아지고 위축된다. 타인의 말 한마디에 일희일비(一喜一悲)하며 휘둘리게 된다. '그러거나 말거나'는 타인에게 머물러 있는 시선을 자신의 내면으로 끌어오는 놀라운 힘을 준다. 타인이 뭐라고 해도 타인의 생각은 타인에게 맡겨두고 '나는 나로서 존재하는 거야'라는 마음의 버팀목이 되어준다.

여학생은 '그러거나 말거나'를 열심히 연습했다. 그리고 학교에서 뒤나 앞에 앉아 있는 친구가 쪽지 전달을 요청했을 때 "나는 더 이상 전달하고 싶지 않으니 전달하고 싶으면 직접 하라"라고 당당하게 말할 수 있게 되었다. 그 후에 일어날 일은 더 이상 신경 쓰지 않고 '그러거나 말거나'에 맡겼다. 그러자 놀라운 일이 생겼다. 더 이상 친구들이 쪽지 전달을 시키지 않고 욕하는 것도 느껴지지 않았다.

마음 근육을 단단하게 하려면

마음 근육을 단단하게 만드는 방법은 없을까? 웨스턴 대학교 심리학과 교수이자 임상심리학자 게일 골든(Gail Golden)은 《쉽게 방전되는 당신을 위한 에너지 사용법》(갤리온, 2022)에서 '에너지 큐레이션'을 하라고 제안했다. 큐레이션은 '선택해서 정리하다'라는 의미다. 즉, 고르고 기획하는 능력을 말한다. 어디에 자신의 정서적 에너지를 사용할 것인지를 선택하고 우선순위를 정하는 것이 중요하다.

그 외에도 마음을 단단하게 할 수 있는 방법이 있다. 바로 자기를 신뢰하는 것이다. 단단한 마음은 자기 신뢰에서 오기 때문이다. 신뢰는 모든 것을 완벽하게 잘해서 생기는 것이 아니다. 부족하면 부족한 대로, 못하면 못하는 대로, '지금 있는 그대로의 자신을 믿는 것'이다. 자신에게 '실패해도 괜찮아, 실수해도 괜찮아, 지금부터 다시 하면 돼'라고 말한다. 원래 멘탈이 강한 사람은 없다. 살면서 누구나 한 번쯤 넘어질 수도 있고, 아플 수도 있고, 약할 때도 있다. 그러한 자신을 있는 그대로 받아들이고 사랑하자. 그것이 단단한 마음의 기초가 된다.

정서 근육도 필요하다

'관계'의 연속인 삶에는 단단한 마음이라는 정서적 근육이 필요하다. 뿌리와 줄기가 약한 나무는 이리저리 흔들리고 넘어진다.

넘어지지 않기 위해서는 뿌리가 깊고 줄기가 튼튼해야 한다. 사람도 마음 근육이 단단하지 않으면 넘어지고 흔들리고 휘둘린다. 나무의 깊은 뿌리와 튼튼한 줄기와 같은 것이 사람에게는 마음 근육이다.

모든 운동선수들에게 훈련의 기본은 체력 단련이다. 체력을 먼저 키운 후 운동의 종류에 맞는 기술을 훈련한다. 체력이 뒷받침되지 않으면 어떤 경기도 할 수 없다. 체력은 결국 근육의 힘이다.

우리의 삶은 매일 인간관계라는 경기를 하는 것과 같다. 삶이라는 경기에서 가장 기본적으로 다져야 할 것이 마음 근육이다. 마음이 단단하게 서 있을 때 어디서 누구와든 좋은 관계를 유지할 수 있다.

눈 맞춤에서
시작하라

관계는 눈 맞춤에서 시작된다

영유아 발달 단계에서 신생아는 생후 2~3일이면 눈을 뜨고, 1~2주가 되면 흑백으로 사물을 인식하기 시작한다. 생후 1개월이 되면 수평으로 움직이는 물체를 구분할 수 있다. 생후 3~4개월, 약 백일 무렵이면 눈 맞춤을 시작하고 강한 원색부터 색깔을 단계별로 구별할 수 있다. 그리고 생후 6개월이 되면 사물과 사람을 정확하게 인식한다. 이 시기부터 엄마를 알아보고 낯가림이 시작된다.

6개월이 지났는데도 눈 맞춤이 되지 않고 낯가림을 하지 않는다거나 다른 사람들과 상호작용이 이루어지지 않는다면 사회성 발달장애의 대표적 질환인 자폐 스펙트럼 장애(autism spectrum disorder) 같은 증상이 의심되므로 전문가의 진료가 필요하다. 눈 맞춤은 아이의 발달 단계와 상호 관계 여부를 가늠할 수 있는 만큼 매우 중요하다. 눈 맞춤은 사회적 상호 관계에서 비언어적 의사소통의 기초가 되기 때문이다.

아이들은 부모와 상호작용을 하면서 관계 맺는 방법을 배운다. 부모와 원만하고 서로 긍정적 상호작용을 주고받으며 성장한 아이는 또래 아이들과 관계 맺기도 잘한다. 그러나 부모와 상호작용을 잘하지 못한 아이는 또래 아이들과 관계 맺기를 잘하지 못한다. 다시 말하면 관계 맺기는 부모에게서 시작된다.

눈 맞춤은 세상에 대한 신뢰를 형성하는 첫걸음

아이는 양육자의 표정을 보며 사랑을 확인하고 감정을 배운다. 아이의 욕구 표현에 양육자가 민감하고 적극적으로 반응해줄 때 아이의 정서도 건강하게 발달한다. 아이는 양육자의 표정과 태도를 눈으로 관찰하고 배우는 것이다. 특히 0~1세는 주 양육자(특히 어머니)와 신뢰를 형성하는 시기다. 어머니가 아기 옆에서 늘 지켜주고 보호하고 있다는 안전감을 얻는 시기다.

미국 정신분석학자 에릭 에릭슨(Eric Ericson)의 심리사회적 발달 8단계에서 신뢰감은 첫 번째인 신뢰 대 불신(trust vs. mistrust)에 해당되는 시기에 형성된다. 이때 아기가 원하는 욕구를 일관성 있게 충족해 주면 안전감이 형성되어 이 세상은 살 만하다고 신뢰하게 된다. 이 신뢰감은 인간의 삶 전체에 영향을 주고 가장 밑바탕이 되는 덕목이다. 첫 번째 욕구인 신뢰가 충족되지 않으면 아기는 불신을 갖게 된다. 주 양육자로부터 신뢰를 얻지 못하면 이 세상에 믿을 만한 사람이 없다고 느낀다. 그러므로 신뢰감을 형성하는 시기에 특히 어머니가 아기와 따뜻한 눈 맞춤을 계속해 주어야 '네 옆에는 항상 엄마가 있다'는 믿음을 심어줄 수 있다.

지금 아는 것을 그때 알았더라면

현대인들은 정말 바쁘게 하루하루를 살아간다. 나도 결혼 후 세 아이를 키울 때까지 계속 워킹맘으로 살았다. 첫아이를 낳고 1개월 만에 산후조리도 채 끝나지 않은 상태에서 출근해야 했다. 좋은 엄마가 되고 싶어서 태교부터 신경 쓰며 육아서적을 읽고 아이 양육에 최선을 다했지만 한계가 있었다. 아침마다 엄마와 떨어지지 않으려고 우는 아이를 떼어내고 출근하는 엄마의 마음은 어떤 말로도 표현하기 어려울 만큼 쓰라리고 아프다.

추운 겨울에는 멀리 고향에 계시는 친정 부모님께 몇 개월씩 아이를 부탁하기도 했다. 주말에 아이를 만나고 올라오는 기차 안에서 서울에 도착할 때까지 울기도 했다. 엄마와 떨어지지 않으려고 울고 떼쓰는 모습이 가슴 아파 친정어머니가 아이를 등에 업고 밖에 나간 사이에 몰래 도망쳐 온 것이 더 미안했다. 그때 신뢰감을 형성하는 시기라는 사실을 알았더라면 아이에게 사랑의 마음을 담아 눈 맞춤을 해주며 "엄마가 일주일 후에 다시 올게. 보고 싶어도 그때까지 기다려줘. 꼭 만나러 올게, 아가. 사랑해 아가야"라고 이야기해 주고 인사했을 것이다. 그랬다면 아이가 불안해하지 않고 안정감을 갖고 엄마를 기다렸을 텐데 말이다. 아이는 영문도 모르고 불안에 떨며 갑자기 없어져버린 엄마를 찾아 울었다.

이렇게 중요한 사실을 알지 못했던 나는 지금까지 미안함이 남아있다. 나중에 공부를 하면서 이 사실을 알게 되었을 때 큰딸에게 따뜻한 눈 맞춤을 해주며 "엄마가 미안했다. 엄마가 몰라서 그랬다. 정말 미안하다. 그러나 그때도 너를 진심으로 사랑했단다"라고 사과하며 진실한 사랑을 고백했다.

눈은 진실의 창

상담센터와 구치소, 교도소, 보호관찰소 등에서 만난 사람들의 첫 모습에는 거의 공통된 특성이 있다. 대부분 상대의 눈을 마주치지 않는다는 점이다. 특히 성폭력 행위자 집단 프로그램에서 만난 사람들은 더욱 그렇다. 자신의 눈을 통해 마음이 표현되는 것을 알기 때문에 무의식적으로 보이는 방어 행동이다. 하지만 3일째 되는 날부터 조금씩 달라지면서 서서히 눈을 마주치기 시작한다. 프로그램을 통해 자신들의 마음과 생각을 조금씩 열면 자기방어가 풀린다. 눈은 마음의 창이며 비언어로 표현한다.

눈은 마음의 창이다. 눈은 그 사람의 마음과 생각을 그대로 드러낸다. 눈은 진실을 말한다. 그래서 수사관들은 심문할 때 반드시 피의자들의 눈을 뚫어지게 쳐다본다. 거짓말하거나 수사관이 진실을 밝혀낼 때 당황하는 순간 눈동자가 흔들린다.

눈은 정서적 힘

중학교 2학년 여학생이 엄마와 함께 상담실을 찾아왔다. 여학생은 친구들에게 자신의 의견을 당당하게 말하지 못하고 친구들의 부탁도 거절하지 못한다고 했다. 목소리도 힘이 없어서 잘 들리지도 않았고 나와 눈을 마주치지도 못했다. 자신감이 없고 자존감도 매우 낮은 상태였다.

원인을 탐색해 보니 아이가 어릴 때부터 부모님이 잦은 싸움을 했고 몇 년째 별거 중이었다. 부부가 싸울 때는 아빠가 큰 소리를 내고 폭언도 자주 했다. 게다가 엄마는 아이가 어릴 때부터 사업하느라 바빠서 아이 양육은 뒷전이었다. 한마디로 부모의 따뜻한 보살핌을 받지 못한 아이였다.

이 여학생의 감정은 '걱정스럽다, 창피하다, 외롭다, 눈치 보다, 도망치고 싶다'였다. 핵심 감정은 '외로움'이었고, 욕구는 속마음을 털어놓을 수 있는 친구를 사귀고 다른 사람 앞에서 당당하고 속 시원하게 말하는 것이었다.

이 여학생에게 매일 아침과 저녁에 거울을 보고 자신의 눈을 30초 동안 바라보며 웃어주고, 엄마와도 하루 두 번씩 30초 이상 눈 맞춤을 하라고 권했다. 그리고 상담 중반 회기 즈음 효과적인 대화법을 훈련했다. 그러자 언제부터인지 나와 눈을 맞추고 이야기할 뿐 아니라 목소리도 커지고 표정도 밝아졌다. 대화법 훈련을 통해 친구들에게 자기 생각을 자신 있게 이야기할 수 있게 되었다. 방과 후에 친구들에게 떡볶이 먹으러 가자는 제안도 했다. 거절하는 방법도 배워 친구들이 무리한 요구나 부탁을 하면 당당하게 거절했다.

변화는 눈 맞춤 훈련에서 시작되었다. 엄마와의 눈 맞춤을 통해 사랑과 신뢰를 찾고 정서적 안정감을 얻고 힘을 낼 수 있었다. 그리고 상대방을 똑바로 쳐다봄으로써 자신감을 얻었다. 종결 상담에서 사후검사 감정은 '자신감 있다', '평안하다'로 바뀌었다.

눈은 그 사람의 마음이 어디 있는지를 말해준다

퇴근 후 남편과 함께 종종 대화를 나누는데, 남편의 눈이 TV를 보고 있을 때가 있다. 눈은 그 사람의 마음이 어디에 있는지를 말해준다. 나는 중요한 이야기를 하고 있는데 남편이 다른 곳을 바라보며 내 이야기를 귀 기울여 듣지 않거나 묻는 말에 건성으로 대답하니 기분이 좋지 않아진다.

나는 그때마다 화를 내는 대신 손으로 남편의 얼굴을 내 쪽으로 돌리며 "내 눈을 바라봐 주세요"라고 말한다. 그러면 남편은 웃으며 "알았어" 하며 내 말을 귀담아듣기 시작한다. 남편의 마음이 잠시 TV로 향해 있을 때 마음의 방향이 나를 향하도록 눈의 방향을 돌려놓으면 그때부터 대화가 시작된다.

눈은 마음의 상처도 치유한다

아장아장 걷는 어린아이가 넘어졌을 때 제일 먼저 바라보는 것은 엄마의 눈이다. 엄마에게 빨리 와서 아픈 곳을 '호-' 해달라고 눈으로 말한다. 부부 상담에서 나는 내담자들에게 서로 마주 보고 30초 동안 상대의 눈을 바라보라고 한다. 그러면 10초 정도만 지나도 아내의 눈에서 눈물이 주르륵 흐른다. 눈을 바라보기만 해도 위로가 되고 아픔이 줄어들고 상처가 치유된다.

우리는 신생아부터 성인에 이르기까지 눈 맞춤을 통해 대화하고 마음을 주고받는다. 연인들은 꿀 떨어지는 눈길로 서로를 바라본다. 그 눈길을 사랑하는 가족에게 매일 보내보자. 그윽하고 따뜻한 눈 맞춤에서 치유가 일어나고 관계가 회복되어 좋은 관계가 이어진다.

존재 자체를 사랑하라

그래도 내 자식

　서울의 한 구치소에 성폭력 행위자를 위한 집단 상담 프로그램 강사로 가는 길에 보았던 일이다. 그날 본 한 장면이 지금도 눈앞에 펼쳐진 것처럼 선명하게 각인되어 있다. 차를 주차장에 주차하고 걸어가는데 반대편 민원실 앞에 교통약자용 노란색 차량이 서 있는 것이 보였다. 차량 뒷문이 열리더니 휠체어 한 대가 내려왔다. 얼핏 보아 90세가 넘어 보이는 할머니가 휠체어에 앉아 있었다. 할머니의 모습을 보는 순간 가슴이 먹먹해졌다. '혼자 서지도 못하고 걷지도 못하는 저 할머니는 누구를 만나러 휠체어를 타고 여기까지 오셨을까?' 연세로 보아 할아버지를 만나러 온 것은 아닐 것이다. 그렇다면 '아들이나 딸을 보러 오셨을까?' 혼자서 짧은 시간 동안 많은 생각이 들었다. '아들이나 딸이 구치소에 있다면 어떤 잘못을 했다는 것인데, 저 할머니에게는 그도 자식이어서 소중한 존재구나! 세상 사람들 모두 죄인이라고 손가락질하고 낙인을 찍어도 어머니에게는 소중한 존재이고 존재만으로도 사랑하는 자식이구나!' 하는 생각이 들었다. 가슴 뭉클한 그 순간을 평생 잊을 수 없을 것 같다.

"차라리 아들이 죽어버리면 좋겠어요"

이 모습을 보면서 중학교 2학년 사춘기 아들 때문에 너무나 힘들다고 하소연하며 "차라리 아들이 죽어버리면 좋겠다"라고 했던 어머니의 모습이 오버랩(overlap)되었다. 어머니에게 그 장면을 이야기해 주면서 "죽을죄를 지어도 어머니의 아들이고 존재 자체만으로도 소중하다"라고 이야기해 주었다. 내 말을 들은 어머니는 눈물을 보였다.

어머니에게도 어린 시절의 상처가 깊었고 그 상처를 어루만지며 치유하는 과정을 거쳐 아들의 존재 자체를 마음으로 깊이 품어주게 된 눈물 겨운 사례다.

그 후 부모 교육 시간이나 자식들 때문에 속상해하는 부모 상담에서 그 장면에 대한 이야기는 빠지지 않고 등장한다. 내 자녀가 무엇을 잘하고 똑똑해서, 예쁜 짓을 해서가 아니다. 내 말을 잘 들어서가 아니라 그냥 존재 자체만으로 소중하고 사랑하는 내 아이들이다.

지방의 한 교도소에서 만난 사형수도 그의 존재 자체를 있는 그대로 존중하며 인격체로 바라봐주니 다른 참여자들이 잘 따르도록 독려해 진행하는 나를 돕는 협력자 역할을 해주었다. 비록 큰 죄를 지어서 사형 선고를 받았지만 귀한 인격체로 존중해 주니 변화가 일어났다. 이 일을 계기로 나는 그 사람이 어떤 사람인지보다 내가 상대방을 '어떤 존재로 인정해 주느냐'에 따라 그 사람의 존재 가치가 결정된다는 것을 다시금 깨달았다.

단 한 명의 어른만 있어도 아이는 변한다

　　하버드 대학교 교육학대학원의 조세핀 킴 교수는 "아이를 진심으로 돌봐주는 '단 한 명의 어른'만 있으면 그 아이는 변한다"라고 했다. 나 역시 많은 아이들을 상담하면서 이 말의 힘을 느끼곤 한다.

　　심리 정서적인 문제로 사회 적응을 제대로 하지 못해 힘들어하는 20대 청년이 부모님과 함께 상담실에 왔다. 그는 어려서부터 부정적인 피드백을 많이 받았고 정서적 공감을 제대로 받지 못했다고 호소했다. 청년은 처음부터 나와 눈을 마주치지 못하고 위축된 모습을 보였다. 잘하는 것이 하나도 없고 글을 읽어도 주의 집중이 되지 않아 무슨 말인지 이해되지 않는다며 매사에 자신감 없이 은둔형 외톨이로 집에서 지루한 일상을 보내고 있었다. 청년의 부모는 뭐라도 좋으니 밖에 나가서 놀기도 하고 활동하면 좋겠다고 하소연했다. 첫 상담 후에 나는 청년에게 두 가지 실천 항목을 제안했다.

첫째는 매일 아침 거울을 보고 "K야, 너 참 잘생겼다"라고 셀프토크(self talk)를 하는 것이었다. 우선 "K야, 너 참 잘생겼다"라는 말을 따라 해보도록 했다. 청년은 몹시 어색한 웃음을 지었다. 그러면서 "제가요? 저는 절대 할 수 없어요"라고 했다. 객관적으로 준수한 외모인데도 본인이 못생겼다고 생각했다.

두 번째로 재미있는 동화책을 소리 내어 읽고 그것을 녹음해 스스로 들어보라고 했다. 읽으면서 눈으로 보고 읽는 소리를 귀로 듣고 녹음한 내용을 다시 들으면 세 번 읽는 효과가 있어서 기억에 오래 남는다. 이해력 부족에 대한 자신감 회복을 돕기 위해서였다. 그런데 그것도 할 수 없다고 했다. 그럼에도 불구하고 두 가지를 꼭 실천하라고 했다. 그것이 청년을 위한 상담자의 역할이었다.

청년의 마음이 서서히 움직이며 행동하기 시작했고 변화가 일어났다. 아침에 거울을 보고 "K야, 너 참 잘생겼다"라고 하면서 보니 '자기 얼굴이 잘생겨 보이고, 소리 내어 책을 읽고 녹음해서 들으니 내용 이해가 잘 되어 책이 재미있게 느껴진다'고 고백했다.

그 청년의 존재의 소중함이 느껴졌고 가능성이 보였다. 조세핀 킴 교수의 말대로 나는 이 청년에게 '단 한 명의 어른'이 되어야겠다고 생각했다. 인간중심상담 이론의 창시자 칼 로저스(Carl Rogers)의 상담 기법대로 무조건적이고 긍정적인 배려와 따뜻함, 수용, 관심을 가지고 진심을 담아 인격적으로 존중해 주었다. 어떠한 충고, 조언, 평가를 하지 않고 스스로 할 수 있도록 도왔다. 적극적인 경청과 감정에 대한 즉각적인 반응 그리고 정서적이고 인지적인 공감을 해주었다.

상담을 진행하는 과정에서 놀라운 일이 일어났다. 청년은 20여 년 만에 처음으로 친구를 집에 초대한 것이다. 커피에 관심이 많은 청년에게 관련 기관과 연계해 바리스타 과정을 공부하라고 권했고 자격을 취득하는 쾌거를 이루었다. 청년은 합격 발표가 있던 날 전화로 "선생님, 저 자격시험에 이론과 실기 모두 합격했어요"라고 기쁜 소식을 전해왔다.

다음 상담에서 나는 상담자로서 기쁜 마음을 구체적으로 이야기했다. 청년에게 그동안 힘겨운 과정을 잘 견뎌준 것에 대한 칭찬과 격려도 아끼지 않았다. 아무것도 할 수 없다고 하는 이 청년에게 내가 한 일은 오직 한계를 단정 짓지 않고 '모든 사람은 성장 가능성이 있고 문제 해결을 위한 잠재 능력이 있다'는 믿음을 가지고 스스로 행동할 수 있도록 격려하며 존중해 주는 것뿐이었다.

존재 자체의 느낌이 만져지면 사람은 움직인다

유서를 써서 가지고 다니는 40대 남성이 있었다. 이 남성은 아내와 불화가 심하고 아내에게 늘 비난만 받다 보니 자신이 쓸모없는 인간인 것 같고 존재 가치가 없어서 살고 싶지 않다고 했다. 살아야 할 이유도 희망도 없다는 것이었다. 그래서 언젠가는 죽어야

겠다 생각하고 유서를 써서 늘 지갑에 가지고 다닌다고 했다. 이 남성에게 '내가 해줄 수 있는 것이 무엇일까?' 고민했다. 내가 해줄 수 있는 것이 아무것도 없는 듯했다. 더구나 아내는 상담에 협조하지 않아서 부부 상담도 진행할 수 없었다. 문제를 온전히 해결하기 쉽지 않았다.

이 남성에게도 자신을 인정해 주고 존중해 주고 공감해 주는 단 한 사람이 필요하다는 것을 깨달았다. 그 단 한 사람이 되어주기로 마음먹었다. 생명의 소중함을 이야기하고 기질을 이해하고 스스로 자신의 장점과 강점을 탐색해 자신이 살아야 할 이유를 찾아주었다.

《빅터 프랭클의 죽음의 수용소에서》(청아출판사, 2020)의 저자 빅토르 프랑클(Viktor E. Frankl)이 창안한 로고테라피(logotherapy), 즉 의미 치료는 삶의 의미를 찾고 인생은 자신의 선택에 달려 있음을 깨닫게 하는 방법이다. 내가 이 남성에게 한 것이 바로 로고테라피였다. 상담 후반쯤 되었을 무렵 이 남성은 갑자기 지갑에서 고이 간직하고 있던 유서를 꺼내 "선생님, 저 이제 유서 필요 없어요. 다시 열심히 살아보겠습니다. 살아야 할 이유를 찾았습니다" 하며 갈기갈기 찢어버렸다. 나는 속으로 만세를 부르고 싶을 만큼 기뻤다. 이 남성은 자신의 존재 자체의 느낌이 만져져서 마음이 움직인 것이다. 이처럼 자신의 존재 가치는 삶에 매우 큰 영향을 준다. 정혜신 박사가 《당신이 옳다》(해냄, 2018)에서 "존재 자체의 느낌이 만져지면 사람은 움직인다"라고 했던 말을 깊이 실감한 순간이었다.

먼저 스스로를 존중하고 사랑하자

똑똑한 자식도 내 자식이고 조금 덜 똑똑한 자식도 내 자식이다. 말을 잘 들어도 내 자식, 말을 잘 듣지 않고 부모 속을 썩인다 해도 눈에 넣어도 아프지 않을 소중한 내 자식이다. 내 마음을 잘 알아주는 남편도 내 남편, 그렇지 못한다 해도 내 남편이다. 나를 존중해 주는 아내도 내 아내, 그렇지 못해도 내 아내다. 예뻐도 내 아내, 그저 평범해도 내 아내, 음식을 잘해도 내 아내, 잘못해도 내 아내다. 아내와 남편, 존재 자체로 서로 사랑해야 할 대상이다.

누구나 할 것 없이 하나의 난자와 하나의 정자가 만나 태아가 되고 태내기(수정된 순간부터 출산 전까지 엄마의 배 속에서 아기가 자라는 기간)를 거쳐 이 세상에 태어난 소중한 존재다. 잘난 사람도 못난 사람도, 잘생긴 사람도 못생긴 사람도, 키가 큰 사람도 작은 사람도, 많이 배운 사람도 많이 배우지 못한 사람도 유아부터 어른까지 모두 동일하게 46개의 염색체를 가진 귀한 생명체이다. 그 누구도 예외는 없다. 그러니 모두를 인격체로 서로 존중해 주고 존재만으로 사랑해야 한다.

가장 중요한 존재는 타인이 아닌 자기 자신이다. 그러므로 자기의 존재 자체를 인정하고 존중하며 사랑해야 한다. 자신이 소중한 존재로 받아들일 때 비로소 타인도 소중한 존재로 받아들일 수 있다. 서로의 존재 자체를 존중해야 건강한 관계를 맺을 수 있다.

직역이 아닌
의역으로 해석하라

음악회를 통해 알게 된 해설의 효과

금난새의 〈해설이 있는 청소년 음악회〉를 관람한 적이 있다. 음악회는 우리의 감성을 풍부하게 해준다. 음악회는 대부분 클래식 연주가 많다. 클래식 음악은 전공하지 않은 일반인들에게는 조금 어려운 장르다. 그런데 '한국의 레너드 번스타인'이라고 칭하는 금난새 지휘자의 해설을 들으니 어렵다고 느낀 클래식 음악이 잘 이해되어 더 깊은 감동으로 다가왔다. 그것을 계기로 해설의 중요함을 크게 느꼈다. 이후로 클래식 음악에 더 푹 빠져들었다.

우리말도 해석이 필요해

중고등학교 시절에 영어 공부를 할 때 해석이 중요하다는 것을 모두 경험했을 것이다. 한 단어에 여러 가지 뜻이 있어서 어떻게 해석하느냐에 따라 문맥이 완전히 달라진다. 영어 강사들은 영어 공부를 잘하는 노하우를 다음과 같이 이야기한다. "영어는 단어 위주로 보는 것이 아니라, 문장 전체를 읽고 전체적인 맥락을 해석하는 것이 중요하다. 영어 문장을 해석할 때 특히 동사 중심으로 생각해야 한다. 영어는 동사 중심의 언어이기 때문이다. 직독직해를 하는 습관을 들이면 긴 문장을 해석할 때 어려움을 겪게 된다."

영어 공부에서도 해석이 중요하다. 그런데 영어뿐만이 아니라 우리말도 해석이 필요하다. 우리말은 매우 쉬우면서도 참으로 어렵다. 아이러니하게도 한국 사람이 한국말을 하고 한국 사람이 듣는데도 별도의 해석이 필요한 때가 많다. 글자 그대로 해석하면 오해와 갈등이 생기는 경우가 생각보다 많다.

직역이 불러온 참사

어느 부부가 여행 가는 길에 고속도로를 달리는데 아내가 휴게소 안내 표지판을 보고 "휴게소다"라고 말했다. 운전하던 남편은 그 말을 듣고 "응, 휴게소네" 하고는 계속 달려 휴게소를 그냥 지나쳤다. 아내는 "휴게소라고 했는데 그냥 가면 어떻게 해?"라며 화를 냈다. 남편은 "휴게소라고 해서 휴게소 맞다고 대답했는데 왜 화를 내냐?"라며 당황스러워했다. 아내는 더 크게 화를 내며 말했다. "휴게소라고 말했으면 휴게소에 들러야지."

아내는 "휴게소다"라는 한마디를 '휴게소에 들러서 화장실도 가고 감자 버터구이와 오징어 그리고 커피도 사 먹자'라고 이해하기를 바랐던 것이다. 남편은 아내의 말을 그저 직역해서 받아들였다. 아내의 말에 해석이 필요했던 것이다.

이처럼 때때로 모국어를 쓰는 사이에서도 직역이 아니라 의역이 필요하다. 남편이 아내의 말을 잘 듣고 의미를 생각했다면 싸우지 않고 여행 가는 길이 더 즐거웠을 것이다.

의역의 좋은 효과

한 아내가 코로나19 백신을 맞고 나서 열이 올라 체온을 재고 있었다. 그 모습을 본 남편이 갑자기 버럭 화를 내며 "병원 가!"라고 했다. 그 말을 들은 아내도 화가 나서 "백신 맞고 열이 나서 열 재는 건데 왜 화를 내?"라고 했다. 남편은 아내가 아플까 봐 걱정되었고 자신이 무엇인가를 해결해줘야 한다는 막중한 책임감을 가지고 있었다. 그동안 상담을 통해 '남편의 말을 의역해서 들어보라'는 나의 조언을 기억한 아내는 다시 "내가 많이 아플까 봐 걱정돼서 그러는 거지?"라고 말했다. 남편은 그제서야 "그렇지. 당신이 걱정돼서"라고 조금 부드럽게 말했다.

일상에서는 직역이 아니라 의역이 필요할 때가 많다. 직역으로만 들으면 상처투성이로 살아갈 수밖에 없다. 상대의 입장에서 생각하고 의역해서 들어야 비로소 소통이 이루어진다.

상대의 말을 잘 해석해서 들어야 좋은 관계를 유지할 수 있다. 우리는 평소에는 뜸하게 지내던 사이도 명절이 되면 서로 따뜻한 덕담을 전한다. 조금 가까운 지인이나 챙기고 싶은 어른들과 평소에 고마웠던 분들에게는 선물을 보내기도 한다. 나도 명절이 되면 모든 분들을 챙기지는 못하시만 꼭 하고 싶은 분들에게는 선물을 보내기도 한다. 그러면 "마음만 보내면 됐지. 뭐하러 이런 선물을 보냈어?"라고 혼내듯이 말하는 사람이 있다. 그는 나를 나무라는 것이 아니다. "바쁘고 힘들 텐데 나까지 챙겨 선물 보내줘서 고마워"라고 말하는 것이다. 그 말을 직역해서 들으면 마치 내가 쓸데없는 짓을 한 것 같고 비난받는 것으로 오해할 수 있다. 의역해서 들으면 고마워하는 상대의 마음이 느껴진다.

말에도 속마음이 있다

고향에 계시는 부모님에게 찾아뵈러 내려가겠다고 하면 이렇게 말씀하신다. "차 밀리고 피곤한데 뭐하러 내려오냐? 힘들게 내려오지 마라. 안 내려와도 괜찮다." 이 말을 그대로 믿고 명절에 내려가지 않은 적이 있다. 명절이 지난 후 부모님이 다른 형제들에게 내가 안 내려와서 섭섭하다고 말씀하셨다고 한다. 이런 경험은 누구나 한 번쯤 해봤을 것이다. 부모님 말씀을 곧이곧대로 직역해 버린 것이다. "차 막히고 피곤한데 뭐하러 힘들게 내려오냐?"는 말의 속마음은 "명절 때라도 안 보면 언제 보냐? 보고 싶다"는 것이다.

이처럼 자주 듣는 말 중에도 속뜻을 이해해야 하는 경우가 많다.

우리의 삶에도 해석이 필요해

살다 보면 도저히 이해되지 않는 상황을 종종 마주치게 된다. 상식적으로 이해할 수 없는 경우에는 어떻게 할 것인가? 그때도 내 앞에 놓인 상황에 대한 '해석'이 필요하다. 이러한 일들이 왜 일어났는지, 그 일이 나에게 어떤 의미인지, 어떻게 해야 하는지, 해석하고 나면 이해되고 의외로 문제가 쉽게 풀린다.

개인심리학의 창시자 알프레드 아들러는 《아들러 심리학 입문》(스타북스, 2014)에서 이렇게 말했다. "우리의 미래는 과거의 경험이 결정짓는 것이 아니라, 그 경험을 각자 어떻게 해석하는가에 달려 있다." 어려운 일을 겪고도 지나치게 좌절하고 낙담하는 사람과 금세 떨치고 일어나는 사람의 차이는 그 경험을 어떤 기준으로 해석하고 받아들이는가에 달려 있다. 이때 삶을 직역하지 않고 의역하는 태도는 어려운 일을 자기 삶의 자양분으로 삼는 밑거름이 된다.

사람들은 부정적인 기억을 더 잘한다

"선생님, 저는 왜 부정적인 기억만 할까요?"

40대 초반 여성이 상담 후반 즈음 질문을 했다. 친정엄마와의 관계 문제로 3개월간 상담을 진행 중이던 여성이었다.

"선생님, 살다 보면 좋은 일도 많고 좋지 않은 일도 있는데 저는 왜 좋지 않았던 부정적인 일만 기억할까요?"

여성은 어린 시절을 회상하면 엄마와 나쁜 추억만 있었던 것은 아닐 텐데 좋았던 기억은 별로 생각나지 않고, 상처받고 힘들었던 기억만 자꾸 생각난다며 눈물을 흘렸다.

"왜 엄마와의 기억 중에 부정적인 일들만 생각나는지 모르겠어요. 이유를 알면 고칠 수 있을까요?"

대부분의 사람들은 좋았던 기억보다 좋지 않았던 기억을 더 많이 한다. 나도 그렇다. 나의 부모님은 자상하고 따뜻하고 공감 능력이 매우 뛰어난 분들이다. 지금도 부모님은 저녁에 어김없이 전화해 "일찍 왔냐? 밥은 먹었냐? 오늘도 고생했다"라고 말씀하신다. 할머니가 되어도 충분할 나이의 딸에게 격려와 지지를 아끼지 않으신다. 그리고 전화 끝에는 항상 "사랑한다"라고 말씀하신다.

어린 시절 시골에서 농사짓던 어려운 환경에서도 농사일을 돕거나 심부름하면 그에 따른 보상을 꼭 해주셨다. 맛있는 것을 준다거나 아주 작지만 용돈으로 수고한 대가를 주셨다. 그런 나에게도 아직까지 지워지지 않고 각인된 부정적인 기억이 많이 있다. 어린 나에게는 아버지의 눈이 거의 황소의 눈만큼 커 보였다. 실제로 쌍꺼풀이 진하고 보통 남자들보다 눈이 훨씬 컸다. 그래서 뭔가를 잘못했을 때 아버지가 눈만 치켜떠도 무서웠다.

초기기억이 나를 지배했을 때

아버지 하면 떠오르는 기억이 하나 있다. 초등학교 3학년 1학기 구구단을 열심히 외우던 시기였다. 어느 날 학교에 책 외판원이 방문했다. 1970년대 시골 농촌에는 서점이 없었기에 외판원들이 학교를 다니며 전집을 팔았다. 전집이 너무너무 읽고 싶었던 나는 다음 날 아침 학교 가기 직전에 부모님께 사달라고 했다. 그 말을 들은 아버지는 예상에 없던 구구단을 갑자기 외워보라고 하면서 다 외우면 사주겠다고 했다.

나는 자신 있게 구구단을 외우기 시작했다. 그런데 8 곱하기

8에서 막혀버렸다. 아버지는 "오늘은 다 외우지 못했으니 다음에 다 외우면 사주겠다"라고 하셨다. 문제는 그때부터였다. 대문을 나서자마자 눈물이 나기 시작하더니 학교에 도착할 때까지 그치지 않았다. 그날 수업을 어떻게 했는지 아무 기억이 나지 않을 정도였다.

그 후로 나는 성인이 되어서도 큰 숫자만 나오면 얼음이 되어 머리 회전이 멈추곤 했다. 별것 아닌 사소한 일화였는데도 어린 내 가슴에는 꽤 깊숙이 남아 있어 '난 원래 숫자에 약한 아이'라는 멍에를 지고 살았던 듯하다.

이것이 아들러의 초기기억이라는 사실을 대학원에서 상담 공부를 하면서 알게 되었다. 초기기억(early recollections)이란 10세 이전에 경험했던 선별된 기억들이다. 수많은 경험들 중에 감정과 연관된 어떤 사건들을 선택적으로 기억하는 것이다.

한국상담학회 수련감독전문 상담사이자 상담심리학자 한재희 소장은 《상담 패러다임의 이론과 실제》(교육아카데미, 2006)에서 아들러의 초기기억에 대해 이렇게 말했다. "아들러는 초기기억을 통해 개인의 행동과 생의 목표에 영향을 미치는 기본적인 오류와 자기발달의 근거로 삼은 내용을 알 수 있다. 중요한 것은 이 기억들이 정확한 사실인가에 대한 것이 아니라 그것이 어떻게 기억되고 있는가 하는 것이다."

이 이론에 따르면, 나에게 부정적으로 각인된 초기기억은 아버지 앞에서 외우다 실패했던 그날의 구구단이었다. '난 원래 숫자에 약한 아이'가 아니라, 그때 느꼈던 부정적 기억이 초기기억으로 새겨져 내가 숫자에 약한 것으로 받아들이고 살았다. 이 사실을 깨달으면서 나의 상처는 조금씩 치유되어갔다.

우리는 '정서'를 기억한다

이것이 40대 초반 여성과 나만의 이야기일까? 상담을 의뢰하는 모든 사람들은 과거의 부정적인 기억으로 인한 상처 보따리를 안고 있다. 상처의 크기와 내용에 상관없이 치유를 위해 오는 모든 사람들도 100퍼센트 부정적 기억만 있었던 것은 아니다. 단지 본인이 부정적인 기억만 있는 것처럼 느끼는 것뿐이다.

사람들의 기억은 거의 감정과 연결되어 있다. 그것을 정서 기억이라고 한다. 지난날을 가만히 생각해 보면 자신이 기억하고 있는 것들이 대부분 감정과 연관되어 있다는 사실을 깨닫게 된다. 매우 행복했거나 즐거웠던 일, 가장 기뻤던 순간, 감동받았던 일, 슬프거나 상처받았던 일, 거절로 인한 어떤 욕구가 좌절되었던 속상한 일 등.

그런데 인간의 뇌는 긍정적인 경험보다 부정적인 경험을 훨씬 더 오래 기억한다. 기뻤거나 즐거웠던 일은 금방 잊어버리고 상처받은 일이나 욕구가 해소되지 않은 부정적인 경험은 오래, 어쩌면 평생 끌어안고 사는 경우도 허다하다. 이것을 '부정성 편향'이라고 한다. 《부정성 편향》(에코리브르, 2020)의 저자 존 티어니(John

Tierney)와 로이 F. 바우마이스터(Roy F. Baumeister)는 "우리의 뇌가 생존을 위해 부정성에 초점을 맞추도록 진화했다"라고 말하였으며 "나쁜 것이 좋은 것보다 강하다"라고 설명했다.

뇌를 이해하고 싶어 뇌과학을 공부해 '브레인 트레이너' 자격을 취득한 경영학 석사 출신의 양은우 저자는 《처음 만나는 뇌과학 이야기》(카시오페아, 2016)에서 이렇게 말했다. "뇌는 항상 에너지를 최소로 소모하면서도 가장 효율적인 방식으로 작동하려는 경향이 있다. 무언가를 기억으로 저장할 때도 마찬가지다. 모든 장면을 빠짐없이 저장하는 것이 아니라 그중 자신에게 의미 있다고 판단되는 부분만 선택적으로 발췌해 대략적인 과정만 기억에 남긴다."

우리에게 부정적인 영향을 미쳤던 기억을 남겨두어야 생존에 유익하므로, 뇌는 이 부분을 의미 있게 판단하는 것인지 모른다. 위험한 일을 한 번 경험했다면 더 큰 위험에 빠지지 않도록, 아픔을 겪었다면 더 큰 아픔을 겪지 않도록 하기 위해 뇌가 조금 더 민감하게 반응하는 것이다.

긍정적인 기억을 남게 하려면

그렇다면 긍정적인 기억이 많이 그리고 오래 남게 하려면 어떻게 해야 할까? 간단하다. 긍정적인 경험을 많이 하면 된다. 긍정적인 경험이란 긍정적인 감정을 느끼는 것이다. 긍정적인 감정은 스스로 만들어낼 수도 있지만 이 과정이 쉽지는 않다. 그래서 타인이 만들어주는 것이 효과적이다. 타인이 만들어주는 긍정적 기억의 대표적인 예는 바로 칭찬과 격려, 지지와 위로다. 가장 효과적인 것은 어린 시절 부모님이 작은 행동에도 구체적인 칭찬과 정서적인 지지를 해주는 것이다.

칭찬을 얼마나 많이 해줘야 할까? 미국에서 아동심리상담 전문가로 활동하고 있는 상진아는 《칭찬과 꾸중의 힘》(랜덤하우스코리아, 2008)에서 1 대 7 법칙으로 설명했다. 꾸중을 한 번 할 때 칭찬은 일곱 번 하는 것이다.

보통 자녀들은 '우리 엄마는 만날 혼내기만 해', '우리 엄마는 나만 미워해'라고 생각한다. 세상에 어떤 부모가 사랑하는 자녀들을 매일 혼내기만 하고 특정 자녀만 미워하겠는가? 꾸중 들었던 일이 오래 남아 기억이 왜곡된 것이다. 그런데 꾸중 한 번에 칭찬 일곱 번을 들은 아이들은 '우리 엄마는 꾸중도 하지만 칭찬도 잘하는 엄마'로 기억한다.

이러한 현상은 부모와 자녀 사이에서만 나타나는 것이 아니다. 부부간에도 배우자가 잘해준 기억보다는 섭섭하게 했던 일이나 상처 준 일이 더 기억에 많이 남는다. 그래서 아내들의 스토리(story)는 그의 스토리(history)라는 말이 있다. 부부싸움을 할 때마다 빠짐없이 등장하는 말이 "과거에 당신이 그렇게 했잖아"이다. 분명히 좋은 기억들이 더 많은데도 싸울 때는 좋지 않은 기억만 소환된다. 친구나 동료, 상사와의 관계에서도 부정적인 기억들이 더 크게 되살아난다.

얼마든지 관계 개선을 할 수 있다

'듣기 좋은 꽃노래도 한두 번이다'라는 말이 있다. 상처받지 않고 크는 사람은 없다. 남에게 상처 주지 않고 살아온 사람도 없을 것이다. 베스트 휴먼십을 맺으려면 내가 먼저 칭찬과 격려, 좋은 기운을 상대에게 전달하려고 노력해야 한다. 더 나아가서 다른 사람이 나에게 상처 주었던 기억이 조금씩 옅어지도록 노력해야 한다.

나에게 상담받으러 온 40대 초반의 여성에게 아들러의 초기기억을 설명해 주고, 부정적인 생각만 계속 떠오르는 이유를 납득시켜주었다. 그러자 그녀는 이것이 자신만의 현상이 아님을 알고 기뻐했고, 이런 태도를 고칠 수 있다는 것을 알고 더욱 기뻐했다.

이유를 알면 고민의 수렁에서 빠져나올 수 있다. 그 여성은 자신의 정서를 옥죄던 초기기억에서 빠져나와 칭찬과 격려, 지지와 위로로 풍성한 관계 맺기를 시작했다는 소식을 들었다. 그녀의 출발을 나 또한 마음 깊이 응원하고 지지한다.

나를 먼저
사랑하자

엄마가 먼저 산소마스크를 써야 한다

비행기에 타면 승무원이 탑승객에게 맨 먼저 안전교육을 한다. 안전교육 중에 인상적인 부분이 있다. "만일 비행 중 비상용 산소마스크가 내려올 때는 엄마(보호자)가 먼저 산소마스크를 착용한 후에 어린이나 노약자를 도와주어야 한다." 이 내용을 듣는 순간 '맞아, 바로 저거야'라는 생각이 들었다. 위기의 순간에는 우선순위가 매우 중요하다. 무엇부터 하는지에 따라 그 결과는 매우 큰 차이를 보인다. 나도 상담실에서 만나는 사람들에게 '내가 먼저 건강하고 편안해야 한다'고 말한다.

삶이 너무 분주하고 일상에 쫓기듯이 살아가느라 자신을 챙기거나 돌볼 시간도, 마음의 여유도 없다. 직장인도 가정주부도 아이들도 모두 힘들고 지친다. 그럴 때 '자기 돌봄(self care)'이 필요하

236

다. 자신의 존재를 인식하고 스스로 이해하며 '나는 지금 괜찮은지' 마음을 살펴 정서적 숨을 쉼으로써 새로운 에너지로 채워가는 것이다. 자기부터 에너지가 충전되어야 가족들과 다른 사람들을 돌볼 수 있다.

여성들이여, 스스로를 '귀빈'으로 대접하세요

아이 넷을 둔 40대 주부가 상담실을 찾아왔다. 육아와 가사에 지쳐 거의 번아웃 상태였고 매우 무기력해 보였다. 처음 방문하는 차림새가 음식물 자국이 묻은 옷과 헝클어진 머리였다.

'번아웃'을 직역하면 '불타서 없어진다'는 뜻이다. 미국의 정신 분석가 허버트 프로이덴버거(Herbert Freudenberger)가 〈상담가들의 소진(Burnout of Staffs)〉이라는 논문에서 약물 중독자들을 상담하는 전문가들의 무기력함을 설명하기 위해 '소진'이라는 용어를 사용한 것에서 시작되었다. 과중한 업무와 스트레스가 장기간 지속되어 신체적인 피로감을 느끼는 것이다. 번아웃이 되면 아무것도 할 수 없을 정도로 정서적 무기력감을 느낀다. 매일 반복되는 일상에서 심한 피로감을 호소하고 이유 없이 자주 짜증과 화가 나고 아무것도 하고 싶지 않은 상태다.

심각한 번아웃에 빠진 내담자에게 일상생활을 물었다. 하루 종일 밥도 편히 앉아서 먹을 틈이 없다고 했다. 게다가 남편은 매우 통제적인 사람이었다. 규칙과 규율을 중요시하고 원칙적이었다. 그리고 남성 우월주의 사고가 매우 강해서 집안일에 비협조적이었다. 역지사지가 안 되어 상대방의 감정을 이해하지 못하고 자신의 감정이 더 중요한 데다 가장으로서 돈을 벌어 가족들을 먹여 살린다는 것에 매우 큰 의미를 부여하고 있었다. 이런저런 이유로 아내 혼자 육아를 도맡고 있었다. 가사는 물론 집안의 대소사도 모두 아내 몫이었다. 그러니 자신을 돌본다는 것은 상상조차 하기 힘들었다. 마음의 공간과 여유가 전혀 없었다.

이 여성에게는 일주일에 단 한 번이라도 자신만을 위한 시간을 갖도록 했다. 남편과 아이들을 다 보낸 후 귀한 손님을 대접하듯이 '자신만을 위한 최고의 밥상을 차려 먹기'를 첫 과제로 내주었다.

지친 나를 발견하고 알아주기

그다음 주에 그 여성은 깔끔한 옷차림과 단정한 머리, 조금 가벼워진 표정으로 내방했다. 어떤 변화가 있었는지 물어보았다. 태어나서 처음으로 귀한 손님 대접하듯이 자신만을 위한 최고의 밥상을 차려서 맛있게 먹었다고 했다. 어떤 느낌이었는지 묻자, 자신이 마치 대접받는 느낌이 들어서 기분이 좋았다고 했다. 자신을 돌볼 시간조차 없을 만큼 생활에 지치고 마음은 병들어가고 있는 자신을 비로소 발견했던 것이다.

여성은 상담 과정에서 자기 돌봄을 배우고 익혀서 집에서도 서서히 자기 자신을 찾아가기 시작했다. 자신을 돌봄으로써 자신의 존재 가치를 발견하고 삶의 새로운 활력소를 찾아 가족을 돌보는 일에도 힘을 내기 시작했다. 표정도 밝아졌으며 퇴근해서 들어오는 남편을 웃음으로 맞이할 수 있게 되었다. 자녀들의 정서와 행동에도 큰 변화가 일어났다. 이 여성의 사례뿐 아니라 많은 경우에 자기 돌봄이 자신뿐 아니라 가족 모두에게 긍정적인 영향을 미친다는 것을 알 수 있다.

남성들이여, 자기 돌봄은 그대들에게 더 필요합니다

자기 돌봄은 여성에게만 해당되는 것은 아니다. 남성들에게는 더 절실하게 필요하다. 한국 남성들은 자신이 가지고 있는 에너지의 거의 100퍼센트를 직장과 일에 쏟으며 산다. 그래서 마음속에 여유 공간이 없다. 자신을 담을 수 있는 공간이 없다 보니 다른 사람의 마음을 담을 여유는 더더욱 없다. 그 결과 밖에서 느낀 부정적인 감정을 집 안까지 가지고 들어와서 짜증이나 화로 표현한다.

50대 초반의 한 남성은 평생 가족들을 위해 일만 하고 살았다고 하소연했다. 그런데 아이들이 크고 나니 자신은 돈 버는 기계가 된 것 같았다. 아이들이나 아내는 돈이 필요할 때만 자신과 대화하고 그 외에는 말을 하기 싫어한다는 것이었다.

"제가 뭘 잘못했나요?"

이 남성은 직장에서는 좋은 사람이라는 평판을 듣는다고 한다. 자신이 하고 싶은 말은 하지 못하고 오로지 일만 하니 스트레스를 풀 수 있는 자신만의 탈출구가 없었다. 그래서 퇴근 후 집에 들어오면 왜 이렇게 지저분하냐, 돈을 왜 이렇게 함부로 쓰냐 등 잔소리와 짜증, 지적과 비난을 하며 자기 존재를 내세우려 한 것이다. 남성은 자신이 무엇을 잘못하고 있는지 알지 못했다. 평생 자신을 위해서는 아무것도 하지 못하고 오로지 가족을 위해 돈 버는 일에만 몰두했기 때문이다.

나는 그 남성이 일에 100퍼센트 에너지를 다 쏟아서 마음의 공간도 없고 다른 사람의 마음을 읽어줄 여유도 없음을 깨닫게 해주었다. 그리고 에너지를 분산해서 사용하라고 권했다. 일에는 70퍼센트만 사용하고 10퍼센트는 가족을 위해, 10퍼센트는 자신을 위해, 10퍼센트는 사회나 이웃을 위해 사용하라고 했다.

이것은 일 에너지에만 해당하는 것이 아니다. 경제적 비용도 같은 비율로 사용하면 더 효과적이다. 상담실에서 만나는 남성들 대부분이 이 같은 감정의 경로를 밟았거나 밟고 있었다. 이들의 처방전은 동일하다. 일과 직장 말고, 가정, 자기 자신, 주변에도 에너지를 나누어 쓰는 것이다.

나 자신을 잘 돌보고 있나요

우리는 체면 문화에 익숙하다. 그래서 나의 욕구를 알리려고 하기보다 다른 사람이 나를 어떻게 생각하는지에 더 관심을 둔다. 나를 위한 삶이 아니라 타인의 욕구와 기대에 부응해 타인의 가치 기준에 맞추며 살아간다. 이제부터라도 삶의 패턴을 바꿔야 한다.

나를 먼저 돌보는 방식으로 전환하자. 나를 먼저 구체적으로 돌보자. 내가 진정 원하는 것이 무엇이고 어떨 때 기쁘고 삶의 에너지를 얻는지 살펴보자. 나를 먼저 용서하고, 우선 나를 이해하고, 나부터 사랑하자. 나와의 관계가 회복되어야 타인과의 관계도 회복된다.

나 자신에게 하이파이브를

자기를 먼저 사랑하고 돌보려면 어떻게 해야 할까? 먼저 지금 자신이 가장 필요로 하는 것이 무엇인지 인식하는 것이 중요하다. 쉼이 필요한가? 마음의 평안이 필요한가? 위로가 필요한가? 상처 치유가 필요한가? 무엇을 필요로 하는지 탐색하는 것이 먼저다. 그 후에 자신이 필요로 하는 것을 채워주면 된다. 산책을 한다거나 좋아하는 음식 먹기, 좋은 음악을 듣거나 좋아하는 책을 읽고 마음을 안정시키는 방법도 있다. 하루 한 번씩 하늘을 바라보는 것도 도움이 된다. 그 어떤 것이어도 좋다. 자신의 마음이 가는 대로 하면 된다. 중요한 것은 '자신이 원하고 있는 것인가? 마음이 편안하고 안정되는가?'에 초점을 맞추는 것이다. 자신의 내면에서 강력하게 요동 치고 있는 것을 실행하면 된다.

라이프 코치이자 베스트셀러 작가 멜 로빈스(Mel Robbins)는《굿모닝 해빗》(쌤앤파커스, 2022)에서 "매일 아침마다 거울을 보고 나 자신에게 3초 동안 하이파이브를 하라. 하이파이브는 삶에 가장 강력한 힘이 되는 격려, 축하, 사랑, 응원이다"라고 했다. 그가 말한 하이파이브의 의미를 정리하면 다음과 같다. 첫째, 다른 사람과 함께 축하한다. 둘째, '나는 나를 응원하는 사람이야'라고 말한다. 셋째, 자기의 가치에 대한 진정한 믿음을 강화한다. 넷째, 자신을 신뢰하고 삶에서 승리할 수 있는 능력을 갖추고 있다고 믿는다. 다섯째, 자신이 중요한 존재로 인정받는 느낌을 준다. 그리고 두 가지 질문을 던진다. "스스로에게 친절한가? 항상 자신을 응원하는가?"

오늘 나는 괜찮은가요

'상담자로서의 나'도 존재하고 '나로서의 나'도 존재한다. '나로서의 나'가 존재해야 '상담자로서의 나'로서 존재할 수 있다. 그래서 매일 퇴근길에 승용차에 타면 바로 나에게 옥상달빛의 노래 제목처럼 "수고했어, 오늘도"라고 말하며 머리와 가슴에 손을 얹어 쓰담쓰담을 해준다. 마치 내가 타인에게 위로의 말을 건네듯이 내가 나에게 그 말을 해준다. 그러면 일과 중 힘든 일이 있었거나 업무가 과중해 피로감이 몰려오는 날에는 혼자 울컥해질 때도 있다. 위로받은 느낌이 들기 때문이다. 누군가로부터 듣고 싶은 말을 나 스스로에게 해주면 된다.

《린치핀》(윤영삼 역, 라이스메이커, 2019)의 저자 세스 고딘(Seth Godin)은 "나는 나로서 존재해야 한다"라고 말했다. 내가 건강할 때

나로서 온전히 존재할 수 있다. 나의 정서적 에너지가 고갈된 상태에서 다른 사람을 돌보는 것은 대출받아서 돈을 빌려주는 것과 같다. 그렇게 되면 나의 정서적 통장은 이미 마이너스다.

나를 먼저 돌보고 사랑해야 가족을 잘 돌보고, 더 나아가 일과 사회적 역할을 잘할 수 있으며 건강한 인간관계를 유지할 수 있다. 나를 돌보는 일이 그 어떤 일보다 우선순위가 되어야 한다. 명심하자. 모든 인간관계는 나 자신과의 관계에서 시작된다는 것을.

북큐레이션 • 원하는 곳에서 꿈꾸고, 가슴 뛰는 삶을 살고픈 이들을 위한 책

《관계가 전부다》와 함께 읽으면 좋은 책. 다른 이들과 유연하게 지내고 싶은 이들에게 새로운 관계의 시작이 생겨나길 바랍니다.

삶이 업그레이드 되는 마음 신호 읽기

마음 읽기 수업

김미애 지음 | 14,800원

**원하는 결과를 얻지 못하는 커뮤니케이션은 이제 그만!
마음을 읽어내는 것이 자본이 되는 시대다!**

저자는 누군가 리더십, 조직문화, 커뮤니케이션을 주제로 강의하는 프로 전문 강사다. 일상생활에서 누구나 겪을 수 있는 대표적인 사례를 통해 다양한 관계 속에서 발생하는 문제들을 어떻게 해결할지, 나의 마음과 상대의 마음을 어떻게 읽고 관계를 형성하고 유지해나갈지 등 서로의 마음을 읽어가는 것이 인생에 미치는 영향에 관해 이야기한다. 이 책은 읽는 것만으로도 미처 발견하지 못했던 나의 마음과 상대의 마음에 좀 더 가까이 다가갈 수 있도록 해주며, 관계 스킬 능력과 진정한 내 모습을 찾는 방법까지 제시한다.

긍정적인 생각을 가져오는 멘탈 피트니스

행복한 사람은 이렇게 삽니다

김나미 지음 | 14,000원

**감정의 소용돌이에서 벗어나
단단한 사람이 되는 긍정의 기술**

마음이 아픈 사람들이 점점 많아지고 있는 요즘이다. 이 책은 삶에 긍정적인 요인을 채우는 마음 안경인 '플러스 라이프로 살아가는 훈련법'을 소개한다. '긍정적인 나'를 위한 훈련들은 내 안에 꼭꼭 숨겨져 있던 긍정성을 발견하게 돕는다. '존중하는 너'가 되기 위한 훈련은 주변 사람들과 좋은 관계를 유지하는 방법을 알려준다. '함께하는 우리'가 되기 위한 훈련은 확대된 세상과 연결되어 의미 있는 삶을 살아가도록 한다. 또한 활동지를 함께 수록해 실제 삶에 적용해 볼 수 있도록 돕는다.

관계가 변하는
소통의 기술

링크 업 Link up

이영미 지음 | 14,500원

삶의 무기가 되는
알고 보면 쉬운 관계의 기술

지금처럼 관계의 연결이 중요한 시대가 있을까? 많은 정보를 공유할 수 있는 SNS 활동이 활발해지면서 그 어느 때보다 관계의 힘이 세지고 있다. 이 책은 사람과 사람을, 사람과 브랜드를, 사람과 제품을 연결해 시너지 효과를 내고 그 속에서 함께 성장해 나가는 핵심 비법을 전해준다. 박신혜, 박찬호, 송중기, 이시영, 정해인 등 함께한 수많은 셀럽과 어떤 식으로 관계를 맺고 그 오랜 시간 의리를 지키며 유지해왔는지 저자만의 진심이 담긴 소통의 기술을 통해 사람을 끌어당기는 방법을 알아보자!

긍정심리코칭
전문가의 소통력
향상 비법

불통이 불만입니다

홍석고 지음 | 15,000원

소통이 없으면 고통이 따른다!
관계의 단절을 일으키는 불통에서 벗어나라!

이 책은 1부에서는 소통이 가지고 있는 본질이 무엇이고 소통을 하려면 어떤 자세와 방법을 갖추어야 하는지 차근차근 설명해 준다. 또한 질문, 감정 읽기, 칭찬, 수용과 거절 등 불통을 없애는 8가지 방법을 소개한다. 2부에서는 저자가 소통 코칭을 통해 직장에서의 고민, 부부 관계, 자녀와의 단절 등 어려운 관계를 해결했던 사례를 담았다. 또한 다른 사람과 잘 통하기 위해 '자신과의 소통'이 필요함을 강조한다. 이 책을 통해 말이 통하지 않는 시대 속에서 살아남는 전략인 '소통력'을 정확하게 배울 수 있을 것이다.